大展好書　好書大展
品嘗好書　冠群可期

大展好書　好書大展
品嘗好書　冠群可期

楊式太極拳

12

楊式太極拳
學練釋疑

奚桂忠　著

大展出版社有限公司

楊式太極拳學練釋粹

吳崔忠著

林仲英題

有問必答（代序）

在《太極》專刊上連載五年，好評如潮的《傳統楊式太極拳拳架與拳理的探討》系列文章，終於在讀者的期盼中，將結集付梓，並正式定名爲《楊式太極拳學練釋疑》。釋疑者，解釋疑難，有問必答之意也。

例如：針對單鞭的若干種打法，究竟孰是孰非？作者便將種種打法統統羅列出來，然後拿起「拳理」這把尺子作縱橫度量；就如手持一把手術刀，逐一進行切割解剖。經過這麼一個條分縷析的過程，最後方拿出自己的意見，以供大家參考。注意：是供大家參考，並非固步自封。

不僅如此，當一個問題有了答案後，作者仍未就此打住，他還在繼續探討，苦苦思索，尋尋覓覓，一旦發現紕漏，他會及時予以糾正。如是，作者一手拿尺子，一手握手術刀，從拳理要求和實用意義出發，對楊式太極拳架作了合而分、分而合的剖析，似庖丁解牛，又似農民在農田裏的深耕細作。

楊式太極拳是一塊無窮寶藏，作爲我們習練者，不過是在這塊寶藏的不同區域、不同方位上的淘金者而已，歲月匆匆，人生有限，我們可能淘出了一些金子，但永難淘出全部金子。作者深明斯意，故他表現

出來的是一種嚴謹的治學精神、開明的學術態度和細膩的研究方法。既然他是一家之言，我們完全可以不苟同他的一些具體觀點，但他鮮明的治學精神、學術態度和研究方法，於我們是極具借鑑價值的。

作者奚桂忠先生，乃太極大師傅鍾文先生的弟子，退休前為一家企業的工程師。他崇尚太極，「愛而往學焉」，卻未改書生本色，他勤於練拳，更善於思考，所謂「學然後知不足」；事實上，他為繼承先師遺志，已義務教拳多年，從學者逾三千，收弟子近六十，所謂「教然後知困」。在學和教中，他對於捕捉到的疑問，統統不予放過，像一個學生演算方程式，有疑必解，有問必答，日積月累，形成了他的「探討」過程。要出書了，他又深入反思，請益師友，對「探討」再做「鳳凰涅槃」，務使原作再獲新生，這就是我們即將看到的「釋疑」。

因為工作關係，我有幸能成為奚桂忠先生大作的「先睹為快」的讀者，也瞭解諸拳友對奚文的青睞。在《楊式太極拳學練釋疑》即將出版之際，簡單寫出以上一些話，乃本真情實感之意，無奉和酬答之心。古語云：「雖有嘉餚，弗食不知其旨也。」到底好不好，我的所感也是「僅供參考」，最終的評判還是要靠讀者諸君。

權作該書之序。

楊 宗 傑

2005 年元月於永年

（作者係《太極》雜誌社總編）

序

　　3 年前《傳統楊式太極拳拳架與拳理的探討》文章在《太極》雜誌一問世，在廣大讀者中引起了反響，經全國讀者評選，得票數名列前茅，被評爲 2000 年「太極拳十佳論文」之一。如今經過作者夜以繼日地辛勤努力，歷時三載整理的專集終於出版了。專集按照傳統楊式太極拳式的先後爲導引，分成了 38 個專題，在太極拳前輩論著的基礎上，結合作者近 30 年習拳體會，對楊式太極拳教法、練法進行了細緻的闡釋，是一份學習和研究楊式太極拳不可多得的教學參考資料。

　　本書的作者奚桂忠先生是恩師傅公鍾文的好徒弟之一。他忠於老師的事業，除了「朝暮練拳勤，義傳貴有恆」之外，其學習精神也難能可貴，他一貫地虛心向恩師、師兄和拳友學習，悉心鑽研師傳拳式的一招一勢，細緻入微地研究、領悟和校正自己的拳架，不斷取得進步和成就。10 年前他在 1993 年第 5 期《中國太極拳》雜誌上發表了《試述楊式太極拳習練之要求》，較爲詳細地介紹參加 1991 年「傅鍾文老師楊式太極拳短期研究班」的體會，闡述了傅老師在研究班中指出的練習楊式拳多處不規範的地方及如何糾

正，及整套拳式中的具體要求，深得讀者的好評。他又在 1998 年第 3 期《太極》雜誌上發表了《邁太極步的 24 點要求》，把練習楊式太極拳由右弓步邁成左弓步的動作過程要求，不厭其詳地介紹得淋漓盡致，被選入《太極拳現代文章精選》。

近 3 年來又陸續發表了《傳統楊式太極拳拳架與拳理的探討》18 篇文章，共介紹了楊式拳法中的 38 個專題，從另一個角度較詳細地分析了各式拳架與拳理。例如「做左掤時如何做到上下相隨？」他對此用 8 層含義分別作了詳盡的描述。不僅與楊公澄甫此勢「上下相隨」拳架和理論相吻合，同時也從另一角度對傅氏三代所著《嫡傳楊式太極拳教練法》中的左掤，進行了更加詳細的剖析與論述，做到了對前二者並行不悖，並爲進一步客觀地研究和探討楊式太極拳，開闢了引人入境之路。這就是奚桂忠師弟的獨到之處。

太極拳源遠流長、博大精深。要想學好，須有明師眞傳、深究理論和多年的苦功，三者缺一不可。它同我國的中醫學、書法與國畫藝術和京劇等傳統國粹一樣，絕非輕而易舉就能成就的。李雅軒師伯曾說：「要想練就太極拳技擊方面的功夫，除了強調要有眞傳，要拜明師學到高品質的拳架之外，還得在理論上不斷深入研究。」對於有志此道者來說，是至理名言。

當下時有不學無術者編拳、編書，假冒僞劣充斥

市曹，魚龍混雜。對初學的同好誤導匪淺，令人氣憤！本書對傳統楊式太極拳，在理論和實踐上皆有較爲翔實的論述，是學習楊式太極拳必讀之書，更是初學者的良師益友，能使他們免走彎路和誤入歧途。

附錄中的《嫡傳楊式太極拳教練法》跋文，對拳架和練法作了較爲客觀的論述。《拳德之探討》一文，是師弟根據恩師關於「勤恒禮誠」的教誨作了展開，旁證博引，心血鑄成，值得一讀，相信讀者也會有開券有益之感。

如今，吾弟桂忠正繼續將學拳心得、練拳體悟、教拳問答和對一些莫衷一是練法的見解，公諸同好，求教同好。這種謙虛好學、刻苦鑽研、銳意進取的精神，是我學習的榜樣，並預祝吾弟佳作連續不斷，爲弘揚傳統楊式太極拳作出更大的貢獻。

張 廣 海　謹序

2004 年 5 月　徐州

（作者係徐州永年太極拳拳社社長）

作者的話

　　1999年，筆者在《太極》雜誌上拜讀了梅應生先
生的論文「就『單鞭』勾手一勢與楊式太極拳同好商
榷」。梅先生為這個只有3~5秒鐘的細小動作，勤於
思考，博覽群書，去偽存真，得出自己的研究成果，
並公諸於世，這種一絲不苟、刻苦鑽研和不保守自秘
的精神，是我學習的榜樣。

於是萌發了撰寫《傳統楊式太極拳拳架與拳理的探討》的想法，擬根據傳鍾文恩師晚年的言傳身教，對每一拳式的練法結合一個拳理進行論述，並對演練傳統楊式太極拳中一些莫衷一是和常見的問題，談點淺見，希望借此能起到拋磚引玉的作用，爲弘揚楊式太極拳這一傳統文化，做點力所能及的事。

在讀者的鼓勵和《太極》雜誌社的支持下，筆者深受感奮，連續發表了 20 幾篇拙作。近年來，時有國內外拳友來函來電索取連載於（2000～2003 年）《太極》雜誌中的拙作，也有的讀者建議彙編成冊。在同道的熱情敦促下，在妻子的協助下，在女兒的資助下，筆者決定對已發表的拙文進行整理、修改、彙編，書名爲《楊式太極拳學練釋疑》。

由於拳架錯綜複雜，拳理奧妙無窮，拳德博大精深，而筆者才疏功淺，書中難免有謬誤、偏頗之處，敬請同仁不吝賜教，並非多餘之言。

本書撰寫期間，曾先後書面或口頭徵詢了張哲清、傅清泉、張廣海、華杏芬、翁蓓華、張克文和楊宗傑等同好的意見，承蒙教益；同時，有的地方得到朱廉方老師的教正；又蒙楊宗傑先生、張廣海師兄和徐芳騫賢弟子贈序賜跋；另外，林仲興老師爲本書題簽；在再版的更正過程中，得到金用葆師兄和張仲義、王詩澄二位賢弟子的幫助，謹此一併誌感。

目　錄

一、預備勢時如何理解 「與肩同寬」？

顧名思義，預備勢是練拳前做好準備的一個式子，它首先要求站好一個自然的姿勢，以便做到心靜、體鬆、氣順，進入練習太極拳的狀態，然後方可進行下式——起勢。

預備勢做開立步時，大多數傳統楊式太極的前輩、拳師和書刊均要求兩腳距離與肩同寬。但細研之，發現人們對「肩」字存在兩種理解，出現兩種練法：一種是兩腳食趾與肩膀外側同寬，另一種是兩腳食趾與兩肩井穴（大椎穴與肩峰連線之中點，位於背包帶壓肩處）同寬。現分述如下。

1.兩腳食趾與肩膀外側同寬的練法，存在以下4個不利因素。

（1）由於兩腳食趾距離大於兩髖關節的間距，兩腿略呈八字形撐住身軀，影響膝和胯等肢體的自然放鬆。

（2）重心偏重於兩腳掌內側，甚至兩腳掌外側掀起，全腳不貼地踏實，減弱了由腳而腿的勁力。

（3）重心不能平均地落在兩腳湧泉穴（位於足心，當卷足趾時呈凹陷處）部位，不利於身體平衡。

（4）當起勢兩手上掤時，因兩腳距離較寬，由腳而腿的勁力，至髖關節產生分力而使掤勁減小。

2. 當兩腳食趾距離與肩井穴同寬，則肩井穴、髖關節和湧泉穴在同一直線上，且平行於人體中心線，身體重量自然沿著骨架往下，沿大腿、小腿平均地分佈到兩全腳掌，人體器官處於平衡狀態，利於全身鬆靜、穩定和舒適；同時，為做好下一個動作（起勢）開了個好頭，即兩臂前舉上掤時，勁力不會減弱，也不會分散。

因此，練預備勢時，兩腳湧泉穴的距離宜與兩肩井穴同寬。

與陳武師弟在傅鍾文恩師家中聆聽教誨

二、預備勢的兩手掌位置

做預備勢時，兩手掌有 3 種姿勢：

其一，指尖朝前，掌心朝下；其二，指尖朝下，手背朝前；其三，指尖朝下，掌心朝裏。

愚以為第三種練法較為適宜，理由有 5 條。

1. 據不完全統計分析，楊澄甫師公的前期弟子多按第一種練法，而後期的弟子多按第三種練法。對於一個拳師來說，隨著時間的推移，認識有所發展，產生前後不同的領悟和練法，這是極為自然、正常的現象。同時，一般來說，宜以拳師後期的練法為準。

2. 的確，在楊公（1883～1936）1934 年出版《太極拳體用全書》的第一張拳照中，指尖朝前，掌心朝下；同時拳照下面的文字為「此為太極拳預備動作之姿勢，立定時，頭宜正直……兩手指朝前，掌心朝下。」但請拳友們注意兩點：

其一，這是《太極拳體用全書》的第一節，其名稱為太極拳起勢，而不是預備勢；

其二，這一節接下來的動作不是兩臂前舉至肩平，而是第二節攬雀尾掤法「將左手提起至胸前，手心向內，肘尖略垂，即以我之腕貼在彼之肘腕中間，用橫勁向前往上

掤去」。

因此，《太極拳體用全書》中的第一節是起勢，而書中的第一張拳照係楊公起勢後的定式照片。至於第一節「此為太極拳預備動作之姿勢」中的「預備」二字的含義，是否可以這樣理解，即起勢一式乃全套太極拳最主要一式攬雀尾的預備動作。

3. 太極拳套路一般均由無極起，最後至收勢（或稱合太極）後，仍回到無極狀態。無極式對兩掌的要求為自然下垂，而手心朝裏較手背朝前更為自然，更易放鬆。

4. 第三種姿勢（手心朝裏），在下接起勢的動作過程中，才有可能符合「臂要旋」的拳理，即兩臂徐徐邊內旋邊向前邊略向中間（以確保兩臂平舉時兩掌與肩同寬，並有利於向上發掤勁）提起至與肩同高，兩手心朝下略向裏。

5. 再從技擊要求來分析，假設對方在前面用雙手握我兩腕下壓，我則順勢略向下，隨即雙臂向前提起，這時以第三種姿勢，虎口向上提起時，掤勁的品質相對較高。同時，由於手臂內旋，有利於解脫對方握我之腕和產生螺旋勁。

三、練起勢時如何做到
「手走弧形、臂要旋」？

太極拳是圓的運動，這也是太極拳的五大特點（鬆、柔、圓、緩、勻）之一。太極拳的體（拳架）和用（功能）都講究一個「圓」字，因為圓的運動使動作柔和圓活，連綿不斷，周而復始，循環無窮；再從其獨特的技法上講，將直來之力以圓相接成切線而化解，免遭打擊，然後採用黏隨、慣性或發勁使對方被我所制。因此，練拳時上肢的運動軌跡多為圓弧形（整圓、半圓、立圓、平圓、斜圓或弧線）和螺旋形（外旋和內旋）。

在做起勢一式時，兩手臂向前、向上舉至與肩同高，其兩手的運動軌跡呈圓弧線（圖1），這個動作一般都能做到；然後兩手下行，其運動軌跡常見有4種（圖2）。

圖 1

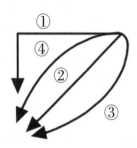

圖 2

顯然，第①、②兩種手走直角和直線的練法是錯誤的，第③種練法是兩手沿著原來上舉的軌跡弧形下行，雖然走的也是弧形，但在上下交迭時易出現棱角和斷續現象；而第④種練法較為合理——沉肩、墜肘、坐腕帶動兩手邊往裏收邊往下採，即先將對方引進落空，再下按使其前傾或跌倒。這樣，整個起勢過程中，兩手上行和下行的軌跡呈橢圓狀，利於動作銜接順遂、圓活、連綿，也利於勁力不斷和黏化來力。

兩手在上行和下行做斜橢圓運動的同時，兩手臂還要相應不斷地旋轉，猶如地球繞太陽轉動，地球本身還在不停地自轉。其作用有五：

①手臂的旋轉，好像擰毛巾的那樣，使氣血運行貫注指梢，待練到一定階段，指腹間會產生發麻、脹鼓、發熱或氣血向外放射的感覺，能使經絡疏通、氣血流暢，起到祛病、強身、益壽的作用。

②一旦有了氣血運行感，則拳味淳厚，提高了練拳的興趣，欲罷不止，越練越想練。

③增加手臂肌肉和關節的鍛鍊效果。

④可走化來力，便於解脫對方握我之手腕。

⑤功夫日久，隨著旋臂會產生品質越來越高的螺旋勁，這是拳論「力走螺旋」中的一種。

竊以為，起勢一式以如下練法為宜：轉動肩關節（利於鬆肩、拔背和柔臂）使兩手臂邊內旋（大指朝手心方向旋轉），邊緩緩略向裏向前向上弧形提至與肩同高，兩手距離同肩寬，兩臂略呈弧形，肘尖朝下，手指朝前自然舒

展，手心朝下微向裏合，勁點在橈骨（前臂靠大指一側的骨頭）下端（近腕關節）；隨即沉肩、墜肘、屈臂、坐腕（坐腕時，手掌宜緩緩立起，不宜突然一下子成立掌，以免造成速度不勻，動作僵硬之弊），帶動兩手邊外旋（大指朝手背方向旋轉）邊裏收邊下採至胸前，兩手心斜相對，大指朝上；兩手再內旋繼續弧形下按至兩胯（腰腿連接處）側前方，兩臂微屈，雙肘微向後（藏肘），坐腕，手指朝前，手心朝下略朝裏傾斜，勁點在小魚際。

如果在練起勢時，兩手平起平落，一則不易產生高品質的氣感和勁力，二是易患亮肘的弊病，三則根據人體的骨骼構造不易做到自然放鬆。練習時不可不留意。

起勢至定勢時，動作是否到位？可請人用單手或雙手合用，來托我下按之左掌或右掌，如果手掌沒有被托起，則說明起勢的定式動作正確。

再談兩點體悟：其一，在做起勢兩手自下而上時，切莫手腕軟塌，手指下垂，成為丟手（死手），願與讀者共戒之。其二，當雙手上行時，意在手（腕），以手帶肘；當雙手下行時，意在肩，以肩領肘，以肘帶腕、帶手。在練拳時如作此意想，將有助於沉肩墜肘和兩臂鬆沉，拳友不妨一試。

四、練左掤時如何做到
「上下相隨」？

　　上下相隨是楊澄甫師公口述《太極拳術十要》之一。初學的同仁一般理解為手到腳到，其實它有八層含義，即兩手同起同止，兩腳相隨，手動腳動（手到腳到），腳胯協調，肩胯相合，頭身同轉，手腳身同步和手、腳、身、眼、意五同時。

1. 兩手同起同止

　　（1）承接起勢做左掤時，左掌經左腹前邊外旋邊向右抄（左掌心逐漸向右及至斜朝上，與右掌相對），勁點在左腕裏側，以防擊我腹部之來拳。因此，左掌在做右抄時，掌心不宜始終朝下。因為，這種拳法在拳架上沒有做到兩掌上下相合呈抱球狀，在拳理上沒有符合臂要旋的要求，在技擊上沒有起到護腹作用。左掌右抄應與右掌向右上方斜掤同時開始，這一點尚能做到；但是，兩掌同時上下相合（俗稱抱球），就較難做到，因為左掌弧形右抄至右腹前的路程較短，而右掌略外旋弧形斜掤至右肩前，然後略內旋向右向裏向左回抹一小圓圈至右胸前的路線較長（右掌斜掤和回抹時，好像在轉動石磨子，與左掌呈抱球

狀時，掌心朝下，手臂呈弧形，腕略低於肩，肘略低於腕），所以常見這樣的弊病：左掌先抄到等候右掌回抹。

（2）兩掌在做左掤右採時，又由於掤的路線比採的路線短，所以一般左掌已掤到（有的甚至左臂在原地不動，成為丟手或死手，掤勁打斷），而右掌尚在下採，形成兩掌脫節、不同步。

2.兩腳相隨

（1）右腳尖略翹外撇時，左腳跟宜略離地以腳掌為軸微向外旋；當右腳掌踏實，左腳尖應離地。

（2）做左側弓步時，應做到右蹬左弓和蹬到弓到，弓到時，左膝蓋務必與左腳尖方向一致，以防扭傷膝關節。

3.手動腳動（手到腳到）

（1）開始做左掤式時，要慢慢地屈右膝，應與兩手掌上下相合同時到位；不要右腿一下子蹲到位，然後兩掌做右抄和斜掤、回抹；也不要開始不屈膝，待到抱球或出左腳時，突然下蹲到位。

（2）當邁左步時，兩手掌仍死死抱球不動，這又是練左掤式時的一種常見病。因此，當鬆左胯邁左腳的同時，右掌和左掌宜順勢繼續略回抹和右抄，及至兩前臂（近腕處）上下相交似擠狀（僅為一瞬間，不宜一直擠到位，以免把左掤錯誤地練成擠式）。

（3）左掤（左前臂以肘為圓心，向左略向上弧形左掤至左肩前）右採（右掌經左掌上方向右向下採至右胯斜上

方)與兩腳的左弓右蹬同時開始，同時到位。常見的錯誤是左側弓步業已完成，而兩手掌還在慢慢地左掤右採，這就違反了拳經中的「一靜無有不靜」，是練習整套拳架中最為普遍的弊端！

4.腳胯協調

（1）當右腳外撇時，應收沉右胯，以利植地生根；當左腳裏旋（左腿略內旋）時，應合左胯，以利膝尖、鼻尖同向，動作順達。

（2）當左腳略外旋前邁時，應與左胯略左轉（約15度）同時開始，左胯關節鬆開，使胯關節周圍較緊的韌帶鬆弛，腿腳則靈活，邁步就輕靈、開闊。因此，務必注意不要先轉腰胯後再邁左腳，更不應腰胯不轉就邁左腳。

（3）當左側弓步到位時，左胯應收沉，以利下盤穩固和勁力透達。

5.肩胯相合

（1）兩肩與兩胯應上下對齊，齊進、齊退、齊轉，不先不後。當右腳外撇時，沉轉右腰胯，與肩一起右轉。此時右肩與右胯的上下連線如同門的轉軸，整個身體像一扇門向右轉動約45度，不可肩轉而腰胯不轉呈擰腰狀。

（2）當左腳邁步後，肩胯應邊平行左移邊右轉至面向正西，有助於立身中正和鬆腰胯。

6. 頭身同轉

身體轉動時，頭部與頸椎、胸椎、腰椎應上下連貫一致，也就是說頭部不要脫離身體而單獨轉動，呈麻花狀。起勢後身體約右轉 45 度時，頭部應領起脊椎使身體同時轉動，不要頭部已轉向西南，而身體尚未轉到位，甚至尚未轉身。

7. 手腳身同步

（1）邁左腳時，兩手繼續順勢相合呈擠狀，此時身體應略左轉，由面向西南轉向南偏西，不要腳動手動而身體不動。

（2）當左手掤到、左腿弓到的同時，身軀應轉向正西。但大部分拳友在練此勢時，身體隨轉腰胯早已轉向正西了，可是兩手還在緩緩地左掤右採。這種手腳與身脫節的現象，是演練整套拳架中常見的毛病，望拳友們（包括筆者）在走架時切切注意。

8. 手到、腳到、身到、眼到、意到

這是上乘的上下相隨，是我們努力的方向，也只有這樣，練拳才能做到勁達四梢，上下貫通，內外合一，渾然一體。

五、左掤後腳的角度應以幾度為宜？

筆者在 2000 年第 5 期《太極》雜誌上，闡述了擠式（正弓步）後腳的角度應以 45 度為宜的觀點之後，有些拳友問我：「擠式的右弓步後腳的角度為 45 度，那麼，做左掤側弓步時，後腳的角度究竟是多少？」

這個問題問得好，因為它在我腦袋中轉了多年。且不說國內目前楊式太極拳各種流派的練法，就是在同一師門中，對這個問題尚有 4 種不同的答案（練法），即 135 度、90 度、45 度和 45～90 度；即使是同一個人，也會有 2、3 種練法。

1. 當第 4 個玉女穿梭定式時，右腳和身體均朝西北方向（假設預備式朝南而立），承接左掤時，不扣右腳而左腳向南邁步，此時右腳與南北軸線的夾角為 135 度。這種練法存在 6 個弊端：

（1）因為夾角大過 135 度，所以，邁左腳時甚感彆扭不順隨，難以做到邁步如貓行，且立身不易穩定，對於廣大以健身為宗旨的老弱病者尤感困難。

（2）由於後腳方向與左掤勁的方向相悖，必然使後腳的支撐力和反作用力大為減弱。

（3）因夾角過大，蹬右腿做為左側弓步時，造成右腳

內側著力，右腳外側略掀起，減少了腳底的接觸面積，既影響了穩定性，又影響到「力由腳起」，左掤勁隨之減小。有些同仁為了達到全腳掌著地，在定式時兩腿屈蹲，重心略偏於右腿，那就成了如弓似馬的半馬步，況且半馬步步型又導致蹬力（掤勁）不足。再說，在傳統楊式太極拳套路（85式）中是不存在這種步型的。

（4）左掤定式時，左側弓步的右腳方向如果朝西北，重心絕大部分在左腿，形成如弓似虛步型，難以產生植地生根的螺旋勁。

（5）為了保持立身中正，左掤定式時，重心勢必偏後（由兩腳跟撐住，而不是兩腳全腳撐住），影響了穩定性，易被人推個仰面朝天。

（6）這種不規範的左側弓步步型，造成右胯挺起，影響了鬆腰胯。為了鬆沉左胯，有的拳友屈右腿，成了不倫不類的半馬步。

2. 當野馬分鬃定式時，右腳和身體均朝向正西，接做左掤如果不扣右腳而邁左腿，則其夾角為90度，存在的弊病性質同前（夾角為135度），惟程度略輕而已。

3. 當起勢後，腰胯右轉約45度，右腳尖外撇約45度，坐實右腿；左腿向左側（向南）邁步，腳尖朝向西南（約45度），然後弓左腿、蹬右腿成左側弓步，這時應做到：

（1）身體面向正西方向。

（2）兩腳大致平行，朝向西南。

（3）左弓右蹬，左膝與左腳尖方向一致，右腿側蹬自

然伸直。

（4）左腿實，右腿虛，重心比例約為 7：3。

（5）兩腳間有一定的橫向距離。

（6）沉胯圓襠。

（7）其根在腳，勁發於腿。

上述較規範的左側弓步（因面向側向），亦稱橫襠步（因襠部橫向），既避免了第 1 和第 2 種練法存在的問題，又加強了右踝關節堅韌性和靈活性的鍛鍊。

4.當做左側弓步後腳呈 45 度時，如果因右踝關節的柔韌性較差而感到不適，則可適當加大其角度至 60 度左右，但不宜接近 90 度，以免染上第 1 和第 2 種練法的弊端。

綜上所述，對於左掤定式時後腳的角度，竊以為 45～60 度為宜，以確保左側弓步兩腳斜向平行或基本平行，以及左腿屈弓右腿蹬直的規範步型。為此，在起勢後，右腳應外撇 45～60 度；在野馬分鬃後，右腳宜內扣 30～45度；在玉女穿梭後，右腳宜內扣 75～90 度。

六、左掤的練法

由於上輩從楊澄浦祖師學拳的時期各不相同，左掤一般有兩種打法；及至我輩，由於師承各異和每人的領悟有別，以致日前大致有 4 種左掤的練法。茲應讀者要求，參照師傳談談自己演練左掤時的一得之愚，供初學者參考、選擇，並請方家指正。

上接起勢。

動作 1

身法：

收沉右胯，身軀邊右轉 45 度邊下降（呈螺旋形），朝向西南（不宜朝向西南偏西，不要朝向西偏南，更不要朝西，以免動作散亂，身形右傾，同時必將減少左掤右採時腰胯的轉動角度，以及難以做到身到、腳到、手到，從而影響左掤勁的品質）。

步法：

重心逐漸移至右腿，並慢慢下蹲（不要突然一下子蹲到位後再右轉，也不要轉到位後再快速下蹲），右腳尖微翹外撇 45 度，右腳掌著地，左腳跟略掀起；當右腿坐即時，左腳尖離地提起，腳尖自然下垂。

手法：

左掌邊外旋邊向右抄至腹前（左掌右抄時，好像在池中抄水，而不是撈水，應做到但聞抄水聲，而不將水抄起來），掌心斜朝上（掌心不宜一直始終朝下，向右上方平帶到與右掌同高，因為這種練法，在拳架上沒有做到兩掌上下相合呈抱球狀，傳統楊式太極拳稱之謂「合手」，在拳理上沒有按照「臂要旋」的要求，在技擊上難以起到護腹的作用）；右掌邊外旋邊向右上方斜掤（莫抬肘）至肩前，掌心斜朝下，然後邊內旋邊向右向裏向左抹轉一小圓圈（右掌斜掤和回抹，好像在轉動石磨子，但不要故意練成大圓圈，以免動作散亂，要「勁以曲蓄而有餘」），至右胸前（莫夾腋），掌心朝下偏左，與左掌上下相對成合手（俗稱抱球），腕略低於肩，肘略低於腕。

眼法：

眼隨轉體，平視前方，關顧右掌斜掤和回抹。

身法、步法、手法和眼法，在文字上雖有先後，但在行拳走架時必須充分注意同起同止，做到上下相隨，這裏特地再作強調。

用法和勁點：

身體右轉，以避來拳。左掌右抄時，勁點在手腕拇指側，以防守擊我腹部之來拳。右臂斜掤貼住對方小臂，向右上方引化，勁點在小臂（近腕背小指側）；然後反握其腕採之或者以肘擊之，勁點在掌根小指側的小魚際或肘尖。

動作 2

身法：

鬆開左胯，身軀略左轉 10～15 度，以便左腿鬆弛、邁步輕靈，身軀朝向西南偏南，不可前俯、突臀。

步法：

右腿繼續微微下蹲，送左腳向南邁出，腳跟先著地，腳尖朝南。

手法：

右掌和左掌順勢繼續略回抹和右抄，及至兩腕上下相送（不要在邁左步時，兩手掌仍死死地抱住球不動；也不宜在邁步時，左臂向外掤出）。這種練法，首先符合「一動無有不動」、「手動腳動」的原則；其次，起到「欲左先右」、「欲右先左」的作用；再次，兩掌合再合，是為了達到更好的開；第四，適當增加了下一動作左掤和右採的動作幅度，有利於發掤勁和採勁；這種練法的第五個作用，是使動作連綿、圓活、瀟灑，而不呆滯、停頓。總之，這種練法比較符合評判拳架的四條準則，即拳理、技法、美學和動作順達。

眼法：

平視前方。

用法與勁點：

上左步，踩踏對方腳背、套在對方右腳外側或插入對方襠下，以封堵對方。手腕上下相對，勁點在右掌根，似扶腕擠（但不宜一擠到位，以免把左掤練成擠式；再說，

如果已經擠到弓到，右掌在接做右採時，左臂已無處可
掤，成為死手，從而又不符合「一動無有不動」、「對拉
弓勁」和「上下相隨」等拳理），為下一動作左掤、右採
作好充分準備。

動作3

身法：

腰胯右轉約60度，身軀朝向正西，應收腹、落胯、圓
襠，身軀不可前俯、後仰或左傾。

步法：

左腳踏平，腳尖朝向西南（左腳尖與右腳跟在南北經
線上），然後蹬右腿，弓左腿，重心左移，成左側弓步
（如果左腳邊踏平邊右蹬左弓，不僅容易造成「弓到手不
到」最為常見的弊病，而且還會影響右蹬左撐、下盤穩固
和勁力透達，從而又降低了左掤的品質），這時，左膝蓋
務必與左腳尖保持方向一致。

手法：

左小臂以肘為圓心，向左向上弧形左掤至左肩前（不
要過頭），左掌與肩同高（切莫高於肩，以免自己「門
戶」打開，不利於防守對方的再進攻），左臂微屈，肘尖
與左膝上下相對，肘略低於腕，手背與小臂應在同一直線
上，掌心朝右略偏上（但不宜斜向上，以免把掤練成
挒），四指朝西；右掌經左掌上方，向右向下採至右胯斜
上方，虎口朝西，掌心朝下略偏左，坐腕，肘尖朝後（俗
稱藏肘）。

兩掌在分開做左掤右採時，宜有對拉抽絲勁，兩掌好像在緩緩地拉一根橡皮筋，兩臂微屈撐圓，要練出「掤在兩臂」的特點。

眼法：

　　目光由西南偏南移向正西，平視前方，關顧兩掌左右分開。

用法與勁點：

　　左臂的勁點在小臂（近腕背拇指側），用橫勁掤對方肘腕之間、胸口或腋下，結合左腳的套封，使其向右傾倒；右掌右採，以助左掤，勁點在小魚際。

　　左掤時，做到「鬆肩墜肘」和「用意不用力」，才能使手臂達到既鬆柔、又沉重；同時，做到「其根在腳」、「主宰於腰」和「上下相隨」，這樣才能產生富有彈性、韌性和最大值的左掤勁。

　　下面簡介第二種練法。

　　①接上勢起勢，身體右轉；屈膝下蹲，右腳外撇45度，重心於右腿（或重心先左移，再虛腳外撇），左腳跟提起；右掌提至右胸前（或腰間），屈臂，虎口朝上（或掌心向下）；左掌向右畫弧至腹前，掌心斜朝上；眼視右前方（西南）。

　　②身體左轉，重心於右腿；左腳提起，向左前方（南）邁出，腳跟先著地；右臂內旋；眼向前平視。

　　③身體繼續向左轉，轉向正南，重心左移；左腳踏實，屈膝弓出成左弓步；左臂向前掤出，掌心向內，手指朝右，高與胸平（或與肩平）；右掌向下落於右髖旁，掌

心向下，手指朝前；眼向前平視。

在第一種練法的基礎上，將左手掌右抄練成平帶（或平抹），掌心始終朝下，兩手掌同高，無抱球狀；另外，將左掤右採練成近似擠式，這是派生的第三種練法。

左掤的第四種練法，是在第二種練法的基礎上，改成腰胯右轉時，身體仍站立（不屈膝）；當右腳尖外撇、提左腳和出左腳時，兩手掌一直抱球不動；定式時又改為左腳尖朝南、左膝朝南偏西，面部朝西，身軀朝西南（兩肩朝西偏南，而兩胯朝向西南）。

顯而易見，上述第一和第二兩種練法較為合理，且均為楊式太極拳套路定型者楊公澄甫所傳，只不過第二種練法在前，第一種練法在後。因此，不應說上面兩種練法哪一種是正宗，哪一種不是正宗；也不應說哪一種練法是嫡傳，哪一種練法不是嫡傳。

七、右掤時如何理解
「走手不走肘」？

1.「走手不走肘」的三種情況

「走手不走肘」，從字面上可理解為手動肘不動。但愚以為，前輩提出的這條原則需根據動作的具體情況進行具體分析，大致可分為 3 種情況。

（1）手和肘隨腰做環轉的動作，如按式接做單鞭時的抹轉和倒攢猴時的輪轉等。這時身軀猶如撥浪鼓的把兒，手掌猶如鼓槌，手臂猶如短繩，而肘位於短繩的中間。當腰胯一轉動，手臂好像長在腰上隨腰轉動，但因肘在內圈、手在外圈，故而肘的轉動幅度要小於手的轉動幅度。

（2）手掌（拳）向前的動作，如攬雀尾的按式和搬攔捶的捶式，這時肘、手同時向前，但由於手臂屈變直，所以手移動的距離略大於肘移動的距離。

（3）以肘為軸的動作，如攬雀尾的掤式和搬攔捶的搬式，這時肘基本上不移動，手則以肘為中心，以小臂長為半徑畫弧。

2. 右掤的練法

右掤定式時，兩手掌一般有4種姿勢：

①左掌貼於右手腕脈門處或右小臂內側，兩手腕高與肩平。

②右掌心側向左前方，掌指朝上，高與鼻平；左掌心側向右上方，掌心遙對右肘。

③右掌向前掤出，掌心向內，高與肩平；左掌落於左胯旁，掌心朝下。

④右手背朝外（西）略朝下，高與肩平，肘略低於腕；左掌在右腕關節稍下，掌心朝西略朝下，坐腕，手指上揚。

顯見，第①種位置猶如擠的定式。第②種兩手的相對位置，如同右掤接作攦式的過渡動作。第③種姿勢是單手右掤式，而傳統楊式太極拳的右掤式應為雙手掤（左掤才是單手掤）。因此，右掤的練法以第④種練法為宜，其動作過程簡述如下。

上接左掤式。

動作1：

右掌隨腰胯左轉邊外旋邊向左弧形抄至腹前，掌心斜向左上方，拇指上揚，以防擊我腹部之來拳；左肘向左後方（不要超過身後）微下撤，以肘擊近身之人；同時，左小臂內旋，以掌採人之腕，採至胸前，掌心斜朝前下方，四指上揚，坐腕，與右掌心斜相對，成斜抱球狀（做左掤

式時為上下抱球），兩臂呈弧形。這時肘的移動距離小於手的移動距離。

動作2：

隨著腰胯右轉、邁右腳、重心前移成右弓步，右小臂同時向前（西）上方掤出，右掌高與肩平，肘略低於腕，掌心朝內（東）略向上，手背與小臂外側齊平（腕部不宜用勁外突），以右小臂掤沾對方臂腕，似同單臂推手的搭手，以視其變，或掤發後攔化，隨勢而用；左掌跟隨右小臂向前推出，至右腕關節稍下，手指上揚，掌心斜向前，要坐腕豎掌，才能生襯勁。這時因右小臂以肘為軸掤出，手動而肘基本上不動；左手掌的移動距離略大於左肘的移動距離。

與妻子盛美芳在家門口義務舉辦第 36 期太極拳學習班

八、攦式時如何做到「引進落空」？

做攦式時，兩手掌的運行路線常見有 5 種：一種是直接往左平帶，如（圖 3）中的 A 線所示；另一種是往左再向裏，見 B 線。第三種是徑直攦到貼近自己的身體，如 C 線。第四種是先向身前攦回，然後向左攦，如 D 線。第五種是攦到接近自己的身軀，再向左，如 E 線。

在探討上述 5 種練法之前，先與拳友們一起學習楊公澄甫《太極拳體用全書》中關於攦法的一段論述：「此時敵如進攻，我即內向胸前左側攦來，則彼之根力拔起，身亦隨之傾斜矣。」

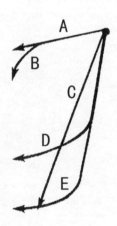

圖 3　攦式兩手掌的 5 種運行路線示意圖

師公的這種練法，是「引進落空」的體現。即是說，順著對方的動力大小和前進的方向，引其重心，使之失去平衡，然後應用慣性和合力，向左偏裏（東南偏南方向）弧形引帶，使其落空而俯跌。

根據楊公的論述及其「引進落空」的拳理，不難對上述 5 種練法作出判斷。

第一種（A 線）和第二種（B 線）練法，一開始就向左攦，這時對方處於重心穩定的狀態下，難以將其攦倒；況且，由於兩手掌遠離身軀，攦時頗不得力。第三種（C 線）和第五種（E 線）練法，導致引進太過，成為「引進落實」，易被人所制。因此，竊以為第四種（D 線）練法，比較符合楊公的論述和「引進落空」的拳理。針對第四種練法，再談五點習拳體會，供初學的同仁在練拳時參考。

①左攦時應以腰帶手，兩手掌不宜偏離身軀中心線。

②左攦時，腰胯左轉 1/3（約 15 度），身軀隨之後移約 1/2；腰胯繼續左轉 2/3（約 30 度），身軀繼續後移 1/2，成左坐步，身軀朝向西南。左攦時，腰胯左轉和身軀後移都不可太快或太慢，以免腳腰手脫節。

③開始作左攦時，右掌與肩同高，左掌與胸同高；當攦到定式時，右掌與胸同高，左掌與腹同高，兩掌仍是右高左低，不可兩掌同高，更不可右低左高。因此，在練拳架時，左攦的運行軌跡是一條邊向裏邊左邊略向下的一條曲線。

④「兩膊相繫」，兩手掌間的距離（右手在對方左肘

關節外側略上方，左手掌在對方左腕關節外側）應始終保持不變，不可變大或變小，以免動作散亂和不符用法。

⑤兩手掌與地面的夾角，隨著右小臂的外旋和左小臂的內旋，由 45 度左右逐漸擰轉到 80 度左右。即開始攦時（右掤式翻掌後），左掌心斜向上，右掌心斜向下，兩掌心前後相對；當攦至定式時，左掌心朝右偏上，右掌心朝左偏下，兩掌心仍然相對。

請傅聲遠、傅清泉父子前來指導拳術

九、攦式前後如何使動作「綿綿不斷」?

練習楊式太極拳,要求整套拳架動作連綿、勁力不斷,如風吹楊柳、行雲流水,每一個動作既要做到家、打到位,但又不能出現停頓、折斷和棱角等現象,特別是上下兩勢過渡處尤為顯著。

做右掤(右前臂向右上方弧形掤出)時,可以想像海浪在向前湧。當右掤承接攦式(收沉右胯,身體微微右轉約 15 度,右手臂邊微前伸邊內旋,以掌根為圓心略向右翻轉一段小圓弧,手指領起,勁力不丟,右掌心斜朝下朝外,坐腕;左手臂外旋使掌心斜朝上,兩掌心相對,上下距離為前臂的直徑,前後距離為前臂的長度)時,前湧的海水好像遇到了巨礁,因受阻力而略為減速。

然後,右腿向後撐(著力點在前腳掌,腳尖切莫翹起,以便褕勁下沉、下盤穩固),坐左腿,重心漸漸後移至左腿,身體邊後移邊左轉約 60 度;兩手臂邊旋轉(右手外旋、左手內旋)邊向裏引進邊向左弧形攦出(順便插一句:右手掤的運動軌跡應組成一個橢圓形),化解來力,並使其失勢、傾跌或甩出。這時,海浪又好像在空中翻轉後從容地返回大海。

同樣，當攦式後承接擠式時，收右胯，身體微右轉，右臂外旋使手心翻朝裏，左臂內旋以左掌根為圓心翻轉一段小圓弧，使左手心斜朝外，然後兩手隨腰胯邊右轉邊貼合（左掌心貼右脈門、左拇指貼右前臂內側的下部），向前擠出。這時可想像海浪又遇到礁石而減速，然後再按原速回到海中，如此周而復始，連綿不斷。

在做攦式前後時，也可做如下意念：右掤時，把勁向前發至 5 公尺遠的大樹旁；過渡做攦式時，緩慢地、柔和地把此勁像收風箏似的把它收回來。做左攦時，想像向左後發勁至 3 公尺遠的牆腳處；最後，再慢慢地把它圓滑地收回來，繼而做擠式。

楊式太極拳每一式都有起點、運行、定式和變換 4 個環節。要做到動作連綿不斷的關鍵，必須處理好上下兩勢的銜接過程，其要訣——

首先，在動作銜接過程中要有承上啟下之意，才能有連綿之形。

其次，行拳至定式時應稍稍減緩速度，好像汽車在轉彎時應減速一樣，以便使動作做極短暫的似停非停、一氣呵成。

十、擠式後腳的角度應以幾度為宜？

　　弓步是楊式太極拳步型中使用最多的一種，應加以重視。在做擠式時，後腳與前軸線的夾角應以幾度為宜？

　　為了探討這個問題，筆者翻閱了手頭國內外太極書刊中的有關章節，歸納成以下 5 種情況。

　　①文字說明為 45 度，圖（照）片也為 45 度，但其中有的拳照有突臀、前傾等弊病。

　　②文字說明為 45 度，拳照中卻是 80 度左右。

　　③文字說明 70～90 度。

　　④文字說明在 45 度至 90 度之間轉變，即前弓時為 45 度，後坐時角度增加。

　　⑤回避這個問題。

　　茲對目前 3 種常見的練法（80 度、45 度和 45～80 度之間互相轉換）進行分析。

　　當後腳夾角為 80 度，其蹬後腿向前的合力較小，相應的擠勁也就較小。同時，當擠式接做按式後坐時，固然省力，易做到立身中正，然而此時的重心落在後腳跟，身體很不穩定，對方只要輕輕一推，就會仰面朝天被推倒。

　　當後腳夾角為 45 度，從人體力學結構上講最為合理，全身的合力最大，擠勁最足；同時，其力點容易集中，提

高了擠式的攻擊力。

在接做按式後坐時，只要做到鬆胯、後腿膝蓋超過後腳尖（注意：膝蓋不可超過腳尖，這是對弓步的前膝蓋而言，切莫混為一談！）和大腿與後腳在同一立面這三點，就不會出現臀突身前傾的常見病。而且，這時的重心在後腳掌，既能做到尾閭中正，立身穩定，又能達到能進能退，立於不敗之地。

當重心前移成弓步時，為求勁力而後腳呈 45 度；當後坐時，為求省力和身正而碾轉成 80 度，這種後腳夾角在不斷變化的練法也是不妥當的。因為它既有損於發勁，又不能擺脫立身不穩的弊病。

再從創立太極拳理論根據的八卦方位太極圖來說，無論是先天八卦，還是後天八卦，都是由八個卦象組成，雖然它們八個卦象排列的方位不同（先天八卦的方位是乾南、坤北、離東、坎西、兌東南、震東北、巽西南、艮西北，後天八卦的方位是離南、坎北、震東、兌西、巽東南、艮東北、乾西北、坤西南），但它們代表的八個方位是一致的，除東、南、西、北四正方位外，其餘四隅方位是東南、東北、西南、西北，即是說 45 度方向。

十一、擠式時如何理解「邊轉邊擠」、 「似貼非貼」和「斜進正出」？

有拳友來函詢問：「做擠式時，兩手何時相貼？怎樣才算做到似貼非貼？定式時身體應朝什麼方向？」茲回復如下，一家之見，僅供參考和評說。

1.兩手何時相貼？

攦式定式時為左坐步（不宜稱之為右虛步），身軀朝向西南；左掌於左上腹前，拇指朝上，掌心朝右偏上；右掌於右胸前，坐腕，虎口朝上，掌心朝左偏下，兩掌心相對（前後相距為小臂之長度，左右相距為小臂之直徑）。

攦式接做擠式時，腰胯右轉約 40 度，蹬左腿，弓右腿，成右弓步，這時上肢的動作，目前有 4 種練法：

①隨腰胯右轉，左掌逐漸與右脈門相貼，轉到貼到；

②身軀先轉正（西方），左掌與右脈門也已相貼搭好，然後左蹬右弓向前擠出；

③左掌向後向上向前下方繞一個形似柔美的大圓弧，然後擺在右腕上；

④左掌與右脈門先相對，再相貼，然後前擠。

經對比分析和反覆體悟，筆者認為最後一種練法的動

作純樸無華，既符合「腰為主宰」的要求，又確保前擠時有足夠的擠勁。具體練法如下：

（1）身軀右轉約 15 度；開始右轉時，以左胯根為軸，微收右胯，右腿隨之微微伸展，但不可挺直（行筆至此，稍離題幾句——上下相隨的道理是盡人皆知的，但真要做到亦非輕而易舉，在演練整套拳架中，作擠式時也最易違背這條準則，即右腿早已弓到，而身手尚未擠到，甚至剛開始轉腰胯、翻掌時，腿就成弓步了）；右臂外旋，右掌心朝左後方，拇指上揚，四指略斜朝上（不宜平放，更不可下垂，以免丟手）；同時，左掌以腕為軸，邊內旋邊向右向上向前插，掌心朝右，略坐腕，拇指朝上，四指朝西，這時左掌心與右脈門相對，約兩拳之隔，雙肘低於雙腕。

（2）腰胯繼續右轉約 15 度；蹬左腿，弓右腿，重心在兩腳中間（約五五開）；右掌繼續外旋，掌心斜朝上；左掌邊繼續內旋邊向前逐漸使掌心（近四指根部）輕貼右脈門（不要用左手指輕貼右脈門，以免發勁不得力；也不要以左掌根輕貼右脈門，以免發勁時滑掉），拇指輕貼右小臂裏側，掌心斜朝下，作扶腕擠。

（3）腰胯再右轉約 10 度；繼續左蹬右弓，成右弓步；兩手相貼前擠，以右腕背貼住對方胸部，右掌中指與右小臂宜呈直線狀，同時隨著蹬左腿和轉腰胯，兩手合成一勁由胸前向前擠出，此時以左手發勁為主，為實掌，右手主要起墊襯作用，為虛掌，右手與左手的虛實比例約為3：7。

2.何謂兩手似貼非貼？

至於左掌心與右脈門相貼的程度，兩手不要分離不接觸，否則左掌怎能由右腕背擠壓對方胸部，擠式豈不變成了右掤；反之，也不宜兩手緊緊貼住，以免違背用意不用拙力的要求，造成動作僵硬。

當動作（2）兩手相貼時，參照推手沾和隨的要則，在掌心與右脈門的相貼宜極輕微，以皮膚接觸不起皺為度。當動作（3）至定式時，左掌成實掌，意想將兩手間的濕毛巾微微擠出水來。

3.定式時身軀的方向？

下面再回答第三個問題，即擠式定式時身軀朝向何方？由上述的練法可以看出，定式時，兩腳呈前後的右弓步，身軀的方向宜朝西略偏南。當接做下勢按時，右臂內旋，掌心朝下，左掌成俯掌，經右手背擦過向前分開；同時，右胯根繼續微微收沉，身軀隨之繼續稍稍右轉（約5度），朝向正西方，這種練法在拳論中稱為「斜進正出」。

4.前擠時的技術要求

最後，附帶講4點前擠時的技術要求，以便產生最大的擠勁。

①兩臂撐圓，呈正圓形；

②左手與右腳尖宜上下對齊，前擠方向正確，則擠勁

不易產生分力；

③擠勁必須起於腳而腿而腰而手，做到腳、腰、手節節貫穿，才能使勁力順遂，上下完整一氣。

④在前擠之中身軀宜稍稍後撐，以背部輕貼汗衫為度。

在永年《傅公祠》工地舉行的
紀念傅鍾文逝世7周年大會上敬獻詩詞

十二、演練擠式時如何防止「突臀」？

記得當年問師誰的拳打得好？先師點了4個人的名字，當說到扎西時指出，她在練拳時沒有屁股，做到了斂臀。而我們部分拳友（特別是初學者）在學練擠式時，會出現左臀左突、左臀後蹶或右臀右扭的現象。如果出現上述弊病，必將對尾閭中正、氣沉丹田、下盤穩固、力由脊發、重心平衡和拳架美觀產生不良的影響。

　　下面針對這3種突臀現象，分別談點淺見。

1. 左臀左突

　　當開始做擠式時（上接攦式），易出現左臀左突的毛病，其原因大致有6點。

　　（1）身軀中垂線落在左腳跟上。

　　（2）左膝內扣，左膝與左腳尖上下不對準，左大腿與左腳掌上下不在同一立面上。

　　（3）身軀向右前側傾斜。

　　（4）兩腳的橫向距離過窄。

　　（5）左胯不開。

　　（6）腿力不夠，追求低拳架。

2. 左臀後蹶

當擠式成右弓步時，注意以下 3 點技術要求，可防治左臀後蹶之弊。

（1）勁發於腿時，主力腿務必自然伸直，切不可屈膝成「軟腿」；同時，左髖骨應隨之前移，與左肩上下對應。

（2）收沉右胯。

（3）勁力的方向應為正西，不可朝西偏南。

3. 右臀右扭

當擠式到位後，產生右臀右扭的現象，一般有 4 個原因：

（1）兩腳的橫向距離過寬。

（2）擠勁的方向為朝西偏南。

（3）身軀的重心偏右太過，即身軀中垂線位於（或靠近）右腳的正上方。對於身軀中垂線的位置，應在兩腳之間，但不宜在兩腳的正中間，一般宜近實腳側。當擠式成右弓步定式時，身軀中垂線位於兩腳中心線與右腳掌內側之間較為穩妥。

（4）右腳尖外撇。

十三、關於前輩擠式拳照和圖片的質疑

根據師傳擠式和右掤的練法，在定式時，擠式的左掌心貼於右脈門處，右掤的左掌位於右腕關節稍下。

然而，在 1934 年出版的《太極拳體用全書》（楊澄甫著，鄭曼青錄）第 4 頁中的拳照，可能因排印時誤植，將右掤的定式照片作為擠式的定式照片（書中無右掤的照片）。

另外，在 1963 年出版的《楊式太極拳》（傅鍾文演述，周元龍筆錄）一書中，擠式的定式圖片（圖 14）與右掤的定式圖片（圖 9）十分相似。這是因為（圖 14）是根據楊公拳照摹繪的，而（圖 9）是根據傅師右掤定式時的拳架以及楊公的體型繪製而成。因此，書中的擠式圖片（圖 14），其實也是右掤定式時的圖片。

對於這一現象，在 1989 年出版的《楊式太極拳教法練法》（傅鍾文、傅聲遠編著，姚明華執筆）一書中得以澄清，即書中關於擠式和右掤動作過程的論述與傅師的拳照是吻合的。

吾輩行拳，右掤擠式應分清。

十四、按式時如何理解「平進平出」？

回答這個問題，涉及到身軀的動作和手掌的運動兩個方面。

1.關於身軀的運動

對於身軀的運動，又包含身軀的轉動和移動兩個方面。

(1)身軀的轉動

由擠式接做按式時，腰胯的轉動常見有 3 種練法。

①兩手掌回抹，身體後移成左坐步時，腰胯不轉動，身軀朝西；然後，兩掌前按時，無腰胯可轉，身軀始終朝西。這種練法，當成左坐步時，容易造成動作僵滯、重心不穩、身軀前傾和影響沉勁等弊病；同時，由於腰胯的轉動角度為零，無疑將降低向前按勁的品質。因此，筆者認為「平進平出」的說法，不適用於腰胯的轉動。

②重心後移成左坐步時，腰胯轉動太過（超過 45度）；接著兩掌前按，身體轉向西方。如此演練按式，形似瀟灑，實則造成動作散亂，減弱向前的按勁。

③擠式接做按式時，腰胯宜做如下轉動：擠式定式時，身軀朝西略偏南。

動作1：兩手掌由交叉分開時，收沉右胯，腰胯微微右轉，身軀朝向正西。

動作2：兩手掌回抹成左坐步時，腰胯左轉約30度（以呈自然狀態為適宜），身軀朝向西南偏西。

動作3：兩手掌前按時，腰胯右轉約30度，身軀朝向正西。

(2) 身軀的移動

做按式身軀後退和前進時的移動，不應斜退（朝東南）斜進（朝西北），而應平退（朝東）平進（朝西），這就是做按式時所謂身軀的「平進平出」。

2. 關於手掌的運動

對於手掌的運動軌跡，從側視和俯視兩個方向來討論。

(1) 側視方向

擠式接做按式時，兩手掌的路線一般也有3種情況：

①兩手掌在回抹和前按時是平來平去，如（圖4）中的 A 線。顯然，這種練法與「手走弧形」的拳理不相符合，且在動作過渡中易產生停頓、棱角現象。因此，側視手掌的運行路線，不宜要求「平進平出」。

②兩手掌回抹至腹前，然後再沿著回抹的路線向前按出，如（圖4）中的 B 線。這種大起大落的練法，形似優美，但使動作散亂，拿不住對方，發按勁又不能專注一方；再說，回抹時兩手掌沉得過低，則我之整個胸部就暴露給對方。

③建議練法

上接擠式。

動作1：右臂邊內旋邊朝右前方，至右肩前，掌心朝下，掌指朝前（西）；左掌略外旋，經右拇指、沿右手背交叉擦過，隨即分開至左肩前，掌心朝下，手指朝前，兩臂自然伸直，兩拇指間距約一拳，意貫指尖。

動作2：沉肘屈臂，帶動兩掌邊外旋邊略向下回抹，空其擠力，如（圖4）中C的上線，略坐腕，兩掌心斜相對，手指斜朝上，兩拇指相距一拳。

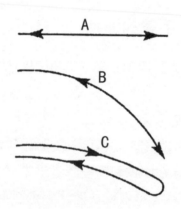

圖4　按式兩手掌運行的側視圖

動作3：坐腕，兩掌根弧形稍稍向下，高與心口齊平，蓄意待發，見（圖4）C線的上下過渡處。

動作4：兩掌邊內旋邊略向上呈淺弧形向前按出（如C的下線），以掌根按其乳部或肘腕，坐腕，手指上揚，掌心朝前略偏裏，兩臂似直非直，兩拇指的間距仍保持一拳

之隔。

(2) 俯視方向

再從上面往下看，兩手掌的運行軌跡，一般有以下兩種情況（圖5）。

①如果按照（圖5）中A線的練法，即兩手掌大開大合，那麼又將產生動作散亂，暴露胸部易遭攻擊和減弱向前的按勁等不良後果，雖然其動作好像是很瀟灑。

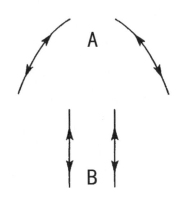

圖5　按式兩手掌運行軌跡的俯視圖

②由上述建議練法（動作1～動作4）可以看出，兩拇指之間的距離始終保持一拳之隔。也就是說，左右兩手掌來回的兩條路線是互相平行的，如（圖5）中的B線所示。這就是筆者所理解的做按式時兩手掌的「平進平出」。

點滴習拳體會，僅供同仁參考、評說。

十五、按式後接做單鞭時如何做到「實腳轉身」？

眾所周知，按式定勢時的太極步型——弓步，其基本要求如下：

前腿屈膝，腳尖朝前（正西方）不外撇，膝蓋與湧泉穴（位於腳底心，當捲腳趾時呈現凹陷處）上下相對，即小腿與前方地面的夾角小於90度，但膝蓋不要超過腳尖，以免身體失去平衡和導致膝關節受損；後腿自然伸直莫彎曲，腳掌外緣不要掀起，以影響勁力的產生；兩腳的橫向距離與肩同寬。（詳見第四十五）

此時，右腿承擔著身體大部分的重量，稱為實腿。當開始做單鞭身體左轉約135度時，目前有兩種練法，一種是虛腳轉，即重心後移至左腿，然後以右虛腿的腳跟為支點，右腳掌隨轉腰內扣；另一種是實腳轉，即重心逐漸移至右腿，右腳尖微翹，以右腳跟為軸隨轉體儘量裏扣、踏實。那麼，對於這兩種練法，究竟應以哪一種為宜？

在討論這個問題之前，有必要重申一個筆者10年前的論點：目前流行的傳統楊式太極拳是由楊公澄甫定型的，但楊公之拳應分為兩個時期（宜以1928年左右為界），其拳照和練法自然會有所不同，誠如楊公在《太極拳體用全

書》中指出：「翻閱十數年前之功架，又復不及近日。」對一個拳師來說，不斷提高拳藝、改進拳技是非常正常和符合事物發展規律的現象，但它們都是真正的楊式太極拳，因此，不宜說誰對誰錯，更不宜說「實腳轉是楊式太極拳正宗與否的試金石或分水嶺」。因為虛腳轉和實腳轉都是楊祖師傳下來的練法，只不過是虛腳轉在前、實腳轉在後而已。

的確，虛腳轉有其方便靈活、虛實分明的優點，但實腳轉更有它的好處。

①弓步時重心在右腿，轉身扣腳時重心仍在右腿，抬左腿邁步時重心還在右腿，直到左腳跟落地後，重心才逐漸左移，在此期間，實腿一直承受著身體的大部分重量，增加了運動量，增強了腿部力量，大大提高了鍛鍊效果。

②從生理學來說，實腳碾轉腳跟，具有防治痔瘡和生殖器官疾病的功效。

③實腳轉易生纏絲勁，使下盤穩固，「植地生根」，如果在泥地上走架後，會在地上留下一個個圓形的腳印，前輩稱之為「落地梅花」。

④實腳轉能很快地做到勁從腳起，並使勁力連綿不斷，其練功效果顯著。

⑤重心不後移立即轉變方向，使身法靈敏、快捷，令人防不勝防。如果重心移來移去，易延誤戰機。

⑥從用法上講，設敵人從身後擊來，我立即轉身避過來拳，如果後坐，豈不挨打。因此，筆者認為身體改變方向時（例如做提手上勢、左右摟膝拗步、進步搬攔捶、斜

飛式、撇身捶、上步攬雀尾、雲手、進步栽捶、右打虎、雙峰貫耳接左蹬腳、野馬分鬃、玉女穿梭、轉身白蛇吐信、轉身擺蓮等式），以實腳轉為宜。

在練實腳轉身時應注意以下兩個技術要求：

首先，收沉實腿之胯，膝蓋隨沉胯稍稍後移，小腿垂直於地面，著力點在腳跟。也可以這樣理解，重心從實腳的湧泉穴微微後移到腳跟。這樣，不僅有利於實腳碾轉，而且小腿垂直時，膝關節受力不大，不易產生膝關節勞損；

其次實腳尖微翹，隨轉腰胯與膝蓋上下對齊，如同戶樞，一起轉動，此時大腿與實腳腳掌的方向始終保持一致，切切不可膝蓋在先、腳尖在後，用扣膝來帶動實腳碾轉。

實踐表明，在實腳轉身時，只要方法對頭，並且符合上述兩條要求，就不會扭傷韌帶和肌腱。

最後，根據傅師的遺言，在此指出：流傳甚廣的《楊式太極拳》一書（由傅鍾文演述、周元龍筆錄、顧留馨審閱）中的（圖18）是虛腳轉，應改為實腳轉。

十六、練單鞭時如何做到
「兩膊相繫、兩腿相隨」？

　　拳經云：「上於兩膊相繫，下於兩腿相隨。」兩膊相繫有兩層意思，一是兩臂之間似有一根彈簧相縛，互相呼應，有欲開難開、欲合難合之意；二是兩臂一開全開，一合皆合。兩腿相隨則有四個含義，即右實左虛、右動左動、左弓右蹬和右（胯）收左（胯）開。

　　茲試將上述拳理結合單鞭一勢的練法進行闡述。

1.兩臂相縛

　　按式接做單鞭時，兩手俯掌（但不是放平）隨轉腰胯向左略向上（腕高不過肩）抹轉半個橢圓，勁點在左腕外側，身手左轉約135度，面向東南；然後腰胯右轉（約70度，面向南偏西），帶動兩手向右略向下（腕低不過乳頭）回抹半個橢圓，回抹時漸漸坐腕掌豎起，勁點在右腕外側。兩手在抹轉做一個橢圓時，應做到前手進、後手跟，兩手的距離保持不變，兩膊相繫不散亂。

　　另外，抹轉時應略有起伏，才能使動作有圓活之趣而不呆板，在技擊上又具有上掀下引的作用。當然，兩手的上下起伏不可過大，以免動作散漫和失勢。

2.一開全開，一合皆合

　　兩手左右抹轉一個橢圓後，右手坐腕前推並做勾手（五指肚撮攏、腕關節自然下彎），對於勾手的方向和運動軌跡，目前有 7 種練法：

　　（1）勾手位於西南，固定不動。

　　（2）勾手位於正南，固定不動。

　　（3）勾手位於西南，然後向前（東）移動。

　　（4）勾手位於正南，然後向前（東）移動。

　　（5）勾手位於西南，然後向後移至西面或西偏南（單鞭定式時兩臂的夾角達到或接近 180 度）。

　　（6）勾手位於西南，向前移動，再向後展開。

　　（7）勾手位於正南（或略偏西），然後移動至西南方向。

　　第（1）和第（2）種右勾手不隨左手前掤、前按而移動的練法，有悖於楊澄甫師公的論述：「右手指合攏，下垂作吊手式，左手向敵之胸逼去，俱要同一時動作。」顯然，這兩種練法違背了「一動無有不動，一靜無有不靜」的原則，使動作出現呆像和停頓現象，成為「獨臂殘疾人」，因此，右勾手固定不動的練法是錯誤的。

　　第（3）和第（4）種右勾手隨左手前移（向東）的練法也是錯誤的，因為它存在以下 5 個問題。

　　首先，這種練法不符合楊師公「我將右手五指合攏下垂作吊手式，以稱左手之勢」的論述。其中的「稱」字可理解為：其一，兩手前後對稱之意，即左手朝前，右勾手

朝後，也正是前輩所論「回身拉成單鞭勢」，兩手拉開，前後對稱，有助於做到左右平準，中正舒安和平衡協調。

其次，在用法上，左臂前掤擋來拳，然後左手前按其胸，此時右勾手後掛，左右展開，形成對拉之勢，才能使左手前擊更為有力。

第三，右勾手前移的練法，不可能做到右勾手（肩和肘）與右腳（胯和膝）上下相對，即不符合「外三合」的要求。

第四，右勾手前移的練法不符合勾手掛或擊或啄等用法。右勾手前移的練法還違背了「對拉拔長」和「有前必有後」的道理，這是存在的第四個問題。

第五個問題是，這種右勾手前移的練法不符合「一開全開，一合皆合」的拳理。眾所周知，單鞭為開勁，作開勁豈可左手開、右手合！？

第（5）種勾手位於西南，然後向後移至西面或西偏南的練法，同樣是不妥當的。因為左手右轉回抹後漸外旋，手心斜朝上，接近右手腕（起護腕作用），此為合；如果右手回抹後向西南推出並做勾手，則兩手就難以相合，不符合「一合皆合」的拳理，即使勉強做合，勢必左腋夾緊、動作僵硬。再說，單鞭定式時兩臂的夾角等於或接近180 度，勢必造成動作散野、挺胸凸肚、勁力不足和勾手用法不力等弊病。

第（6）種勾手位於西南、向前移、再後展的練法也值得商榷，因為它兼有第（5）、第（3）和第（4）種練法中的弊病，即不符合「一合皆合，一開全開」的拳理。

因此，單鞭的上肢運動宜採用第（7）種練法——兩手向左、向右抹轉一個橢圓後，身體略左轉約25度，面向正南；右手同時沿橢圓的切線方向邊坐腕、邊內旋向正南（或略偏西）推出，然後五指撮攏成右勾手；左手邊回抹、邊外旋，手心斜朝上，置於右腕左下側，兩手同時到位。然後腰胯左轉約45度，左手隨之自南向東（約90度）先外旋前掤、再內旋前按；同時，右勾手自南向西南後掛約45度，兩手同起同止。

3. 兩腿相隨

對於單鞭的下肢運動，應做到「兩腿相隨」，具體要求如下：

（1）右實左虛。按式右弓步定式時，重心在前（約占70%），在接做單鞭左轉抹前半個橢圓時，右腿重心漸漸增加到85%左右；待右轉回抹後半個橢圓後，重心全部在右腿，謂之坐實右腿。反之，左腿的重心由30%左右漸漸減至零，然後腳跟、腳尖先後慢慢離地，這就符合「虛實分清」的拳理，有利於邁步輕靈。

（2）右動左動。當按式接做單鞭時，右腳以腳跟為軸，隨轉腰胯，實腳內扣，身體左轉至東南（約旋轉135度），雙手也自西抹轉到東南；此時的左腳宜以腳掌為軸，腳跟裏旋。只有當雙手、身體與左腳的方向基本保持一致時，才能做到動作協調順遂不彆扭，同時也符合「一動無有不動」的原則。

（3）左弓右蹬。下肢做右蹬左弓，成左弓步時，要注

意「前進之中必有後撐」。

（4）右（胯）收左（胯）開。按式之後，隨即收沉右
胯左轉，使下盤穩固和旋轉到位；隨之左胯鬆開，使左腿
鬆柔和邁步開闊。

在紅園輔導弟子練拳

十七、單鞭時如何理解「三尖相對」？

對於「三尖」，一般有兩種解釋：其一，「三尖者，手尖、鼻尖、腳尖也。」其二，「三尖者，鼻尖、膝尖、腳尖也。」從演練傳統楊式太極拳拳架的要求來說，宜將上述兩種說法合二為一，即四尖相對。

四尖是鼻尖、手尖、膝尖和腳尖。所謂相對，就是在大部分動作中，要求四尖分別各自互相對應，有時要求二尖、三尖或四尖的方向一致，配合協調；有時要求二尖在同一垂直線上，或者在同一水平線上。但因每人上肢、下肢和頭頸的長度不一，以及動作的千變萬化，四尖不可能時時、處處機械地要求死對。

應同仁的要求，下面談談單鞭的具體練法，同時結合四尖相對談點淺見，供初學者參考。

上接攬雀尾按式。

動作 1

身法：重心繼續漸漸前移，沉胯鬆肩略後仰，軀幹垂直於地平面。

步法：右腳尖微微翹起（不宜翹得太高，以免右胯、

膝和踝關節緊張，影響旋轉輕靈），右膝略後移，小腿接近垂直於地平面。

手法：兩手掌前俯約 45 度成坡掌（手掌前俯與肩略後移宜有對拉之意），掌心斜朝下（手掌不宜放平，也不要放平後再豎起成坡掌，更不可手掌下垂）偏朝裏（拇指略高於小指），手指領起，腕與胸齊平。鼻尖、手尖、右膝尖和右腳尖的方向一致，均朝向正西。

眼法：眼神先收後放，即眼視兩手掌前俯，隨即平視前方。

用法：坐穩右腿，準備轉身應付左後側之對手。

動作 2

身法：腰胯左轉約 135 度，身軀朝向東南，左轉時應立身中正，切莫突臀前俯、聳肩或斜肩（左高右低）。

步法：以右腳跟為軸，隨腰胯左轉實腳碾轉，碾轉時應儘量內扣（最好接近 135 度），右腳尖與右膝尖應同步轉動，始終做到二尖上下相對（不可膝尖領先於腳尖，也不可腳尖領先於膝尖），然後右腳掌著地踏平；左腳宜以腳掌為軸向裏碾轉，腳尖朝向東南，以便動作自如、肢體放鬆和四尖同向。

手法：兩手掌隨轉體向左略向上（但腕高不可過肩）抹轉半個橢圓（見圖 6 中的 A 線），抹轉時兩手掌宜微微向右彎，意在左掌根外緣，左掌在前，右掌在後，手臂朝向東南，手指朝向東南略偏南。兩掌抹轉時，不可以手帶腰，以免造成肩聳起和臂僵硬。

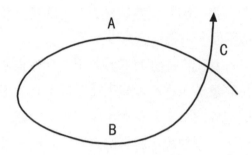

圖 6　做單鞭時兩手掌抹轉以及右掌前
　　　按時運行路線示意圖

眼法：眼神隨轉體向前平視，關顧左掌抹轉。

用法：轉身避對方來拳，並以左掌根外緣黏帶。

動作 3

身法：腰胯右轉約 70 度，身軀朝南偏西。

步法：坐實右腿，左腳跟離地，兩膝尖與兩腳尖方向一致。

手法：兩手掌隨轉體和屈臂向右略向下（但腕低不過乳頭）回抹半個橢圓（見圖 6 中的 B 線），回抹時兩手掌漸漸豎起，右掌宜微微左彎，意在右掌根外緣，右掌在前，左掌在後，至胸前，兩手尖與鼻尖同向。

眼法：眼隨轉體平視，關顧右掌回抹。

用法：以右掌根外緣黏住對方。

動作 4

身法：腰胯左轉約 25 度，身軀朝南。

步法：左腳離地，腳尖自然斜向下垂，小腿宜垂直於地面（練傳統楊式太極拳時，大小腿的夾角一般不宜小於90度），膝尖與腳尖的方向一致。

　　手法：右手掌邊內旋邊沿橢圓的切線方向（正南）按出（見圖6中的C線），然後五指肚自然撮攏成勾手（吊手），五指撮攏時，四指與拇指相捏，指尖朝下，拇指不宜向裏彎曲，以免僵硬，肘關節微屈，勾手自然下垂；左手掌邊外旋邊朝右，至右胸前，掌心斜朝上，手指斜朝上，置於右腕左下方，與右肘左右相對成掤手，左肘尖與左膝尖上下相對，手尖與鼻尖方向一致。

　　眼法：眼視勾手向前平視。

　　用法：右手掌推按對方，並以勾尖啄人要害部位；左肘護左肋，左手掌護右肘（腕），蓄勢待發。

動作5

　　身法：腰胯繼續左轉約15度，鬆開左胯，身軀朝南偏東。

　　步法：左腳向左前方（東偏北）弧形邁出（邁出時，左腳尖離地不宜超過一拳，以免左腿僵硬，影響邁步輕靈；左腳尖朝向前進方向，不宜朝向東南，以免形成夾緊的人字形尖襠；邁左腳應與身軀左轉、開左胯同時進行，以便腿鬆步輕），腳跟先輕輕著地，然後全腳踏平（踏平後再右蹬左弓，有利於雙腳植地生根和避免弓到手不到的常見病），左腳尖朝東（不可朝東偏北，以免影響下一動作向前的勁力和膝腳二尖相對），兩膝尖與兩腳尖各自同向。

手法：左手掌邊內旋邊略向左前方掤出約 30 度，左手尖與鼻尖方向一致；右勾手略向右後方展開約 15 度，右勾手應與左掌同時開始向東西方向對拉。

眼法：平視前方。

用法：轉身出左腳，左手掌掤住對手。

動作 6

身法：腰胯繼續左轉約 30 度，收沉左胯，身軀正直（如前所述，因左右手有前後對拉之勢，故身軀不宜前傾，此式應有別於雙手向前的弓步，如擠、按等式允許身軀略為前傾），朝向東南，兩肩齊平。

步法：蹬右腿，自然伸直，不要彎曲成軟腿，當然也不可挺直，右腳掌外側切莫掀起，右膝尖與右腳尖大致同向，不宜強調膝腳二尖相對，以致右腿過於彎曲；弓左腿，左膝宜與左腳湧泉穴在同一垂線上，但不可超過腳尖，兩腳跟內側的橫向（左右）距離約為 20～25 公分（如果間距過小，則自身不穩，難以應敵；如果間距過大，則身型不正，勁力不足），左膝尖與左腳尖的方向務必保持一致，朝向正東。

手法：左手掌繼續邊內旋邊豎起（由斜掌至立掌）邊向左前方，經面前約 30 公分弧形掤出（掤出時不要離開臉面太遠，以免動作散亂；也不要相距太近，以免影響掤勁），轉動角度為 60 度，其運行軌跡見（圖 7）中的 A 線（左掌掤出時，不要一開始翻掌太快，也不要到最後將要推出時突然快速翻掌，以免影響動作勻速和勁力連綿），

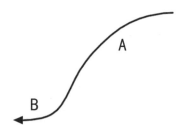

圖7　單鞭左手掌展開（掤雲和推按）
時的運行路線示意圖

及至左肩前，手指上揚，掌心朝南偏東，然後繼續邊內旋邊向前（正東）略為推出約 15 公分（見圖 7 中的 B 線），坐腕豎掌，掌心朝東偏南，左臂微屈，左肘尖與左膝尖接近在同一垂直線上，左手尖與鼻尖接近在同一水平線上，鼻尖、左手尖、左膝尖和左腳尖的方向一致，均朝向正東；右勾手繼續向西對拉約 30 度，朝向西南（不要朝向正南，以免動作停頓成為死手；也不要朝向正西，以免造成挺胸和減弱襯勁），勾手的腕背稍高於肩（不可過高，以免聳肩；也不可過低，以免影響對拉勁力、拳架優美和技擊作用），右臂與右腿大致順向。

眼法：眼神左移平視，關顧左手掌前按。

用法：左手掌掤雲，化其來力，使之失去重心，順勢按擊對方胸部；右勾手向後以襯左手掌之勁，或以勾手腕背擊人下頦。

十八、提手上勢時如何做到「墜肘」、「張肘」?

楊公澄甫在《太極拳術十要》中指出:「墜肘者,肘往下鬆墜之意,肘若懸起,則肩不能沉,放人不遠,近於外家之斷勁矣。」這就是說,無論在行拳的動作過程中,或者在定式時,肘關節應始終微屈,必須要有下沉之意,即使是手掌上舉至額前上方的動作(如白鶴亮翅、扇通臂、轉身撇身捶、打虎式、雙峰貫耳、玉女穿梭等),肘部仍應有向下的意識;在做起勢、摟膝定式時,應做到藏肘;另外,在做左掤式的右掌斜掤以及左臂左掤、右掤式的右臂右掤、擠、按、單鞭、十字手、雲手的上掤等諸多動作時,腕應略高於肘,肘尖常垂。如果兩肘不鬆垂,出現抬(揚或亮)肘現象,將導致聳肩、氣血上浮、下盤不穩和減弱坐腕的作用。正是「肘尖上抬全身空,肘尖下垂全身鬆」。

誠然,肘不可懸起,但又不可將大臂緊貼肋部,產生夾肘現象,因此肘在「鬆垂之意」的基礎上,還應做到自然鬆張,稱為「張肘」。

茲結合提手上勢腳、腰、手的動作過程來討論「墜肘」和「張肘」。

承接上式單鞭。

動作1

身法：收沉左胯，右轉約25度，身軀朝南偏東。

步法：重心逐漸左移，以左腳跟為軸實腳內扣，其內扣的角度宜小於45度，以免定式時影響開胯圓襠；右腳逐漸變虛，腳跟略離地。

手法：兩肘微微下墜，右吊手邊變成坡掌邊隨墜肘微微向裏向下沉；左掌也隨墜肘微微向裏向下沉，兩手掌分別於身軀側前方，高與乳頭齊平，兩掌心斜向下，坐腕。

動作2

身法：腰胯繼續右轉，身軀朝南。

步法：坐實左腿，右腳尖離地，自然斜向下垂。

手法：兩手掌繼續隨墜肘向下（「先下後上，這才叫提手」）向裏，此時好像老鷹的收翅合攏，又好像兩肘各掛著一隻瓶往水中沉下去，高與腹平。練這兩個動作時，應由肘部帶動兩手掌下沉，不宜兩手先下帶動雙肘下沉。

動作3

身法：腰胯左轉約45度，身軀朝向東南（不要朝南），以便符合「含蓄其勢，以待對手的變動。對方進，我就擺，或者將右手翻向上，用左掌合於我右腕上擠出也可以」。如果身軀朝南，對方從前面攻來，就易擺到自己身上；反之，如果身軀太斜，則將影響兩手掌的合勁。

步法： 收沉左胯，坐穩左腿；右腳略提起，向左前方（南）弧形邁出半步，腳跟輕輕著地成前虛後實的右虛步，腳尖自然微微翹起（不要翹得太高，以免腳腕緊、膝緊和胯緊，影響全身的放鬆），腳尖朝南，右腿微屈（不可挺直），兩腳跟內側的橫向距離約 10 公分。

手法： 兩手掌邊朝裏邊朝上邊朝前同時向 3 個方向做合、提、送（不要先向裏合，再向上向前提、送；也不要過早地向前合，而無提、送）。右掌在前，指尖與鼻尖齊，掌心朝左略偏前；左掌在後，高與心口齊平，掌心朝右略偏後，遙對右肘。兩手掌的前後距離約小臂之長，兩手掌左右距離約小臂之寬，兩手掌要合住勁，兩肘也要合住勁，又要有下垂勁。

做提手上勢時，不僅要做到「墜肘」和「張肘」，還應注意「虛腋」、「肘不離肋」和「肘不貼肋」。所謂「虛腋」，就是說腋下應有一定的空隙，以利於肩部靈活、氣血暢通。「肘不離肋」是指兩肘不應外撐遠離身軀，以免兩肋暴露，失去護肋和護腰的作用；兩肘外撐，還會影響鬆肩和合勁。「肘不貼肋」是指兩肘緊貼肋部，以致雙肩不靈活、肘部無迴旋餘地、胸肌緊張，從而影響動作自如、攻防靈敏、經絡暢通和氣血調和。因此，在提手上勢定式時，腋下一般應留有一定的空隙，左肘尖距左肋約 10 公分，右肘尖距右肋約 20 公分。

總之，不論是哪一招式，不論在動作過程中還是在定式時，都應做到墜肘，肘關節始終要微屈且有下垂之意；同時，要有微微外開之意，腋下應留有約一拳的餘地，謂

之虛腋，但是，開意不可過分和不足，太過則成亮肘，不及則成夾肘。

那麼，怎樣來檢查肘呢？筆者建議可採用外形法、頂力法和測力法來進行檢驗。

①外形法

從動作的外形進行檢查，如肘是否低於腕，且要下墜；同時檢查是否做到「如意胳膊」，即手臂應微屈，不可挺直，也不可過屈呈三角形；再檢查腋下是否留有適當的空隙。

②頂力法

請一位力氣與自己相當的拳友，用一隻手（或雙手合用）來抬起勢下按之右（左）掌，或上抬白鶴亮翅之左掌，如果練上述二勢定式時，做到了藏肘和手臂自然伸直的話，則我之手不可能被拳友頂起。在檢查扇通臂時，可請人平推我之左掌心，或下壓我之右掌緣（小指側）。同時，如果對方推不動我之左掌、壓不垮我之右手臂，則說明自己做到了墜肘，反之則為抬肘、夾肘或手臂過屈。

③測力法

將家庭測體重用的磅秤懸掛在牆上，然後以扇通臂（或單鞭、右摟膝拗步等式）之左掌推壓磅秤，在保持身型、步型不變的前提下，調整左肘的不同位置，其中測出公斤數最大值的位置，就是墜肘的正確位置。

透過頂力法和測力法的檢驗，你將會對拳論中的「差之毫釐，謬之千里」有進一步的認識。上述三種檢驗方法，簡單易行，行之有效，讀者不妨一試。

十九、練白鶴亮翅時如何做「靠」？

掤、攦、擠、按、採、挒、肘、靠，是太極拳的 8 種手法。現結合演練白鶴亮翅，與讀者一起學習靠法。凡是以肩、背或臀部進攻對方的方法稱為靠，在傳統楊式太極拳整套拳架中，只有白鶴亮翅一勢是以右肩側斜靠對方胸部。具體練法如下。

上接提手上勢（提手上勢定式時的身軀朝向東南）。

動作 1

身法：左胯微內收，腰胯略左轉（約 10 度），身軀朝向東南偏東。

步法：重心移至左腿；右腳先著地踏平，然後腳跟離地。

手法：左掌邊外旋（掌心斜朝上）邊略向左下方畫弧，右掌邊內旋（掌心斜朝下）邊略向左下方畫弧。

用法：兩手掌黏人腕肘做攦。

動作 2

身法：腰胯繼續略左轉（約 10 度），身軀朝東偏南。

步法：坐實左腿，右腳尖略提起。

手法：左掌邊內旋邊左採至左胸前，掌心斜朝下；右掌繼續外旋左抄至左掌下，掌心斜朝上，與左掌相合呈抱球狀。

用法：左手掌做採，或者以肘擊人；右手掌做抄，以防來拳。

動作3

身法：腰胯右轉約20度（以便鬆開右胯，邁步輕靈；同時確保下一動作向隅角方向（西南）做側身斜靠），身軀朝向東南。

步法：右腳向前（南）邁出，腳跟先著地，腳尖朝向東南，然後全腳踏平，重心略右移，其比例約為左六右四。

手法：兩掌合再合（左掌向右下方略移，右掌向左後方略移），左掌置於右小臂裏側，手指斜朝上，似扶臂擠（攬雀尾中的擠為扶腕擠）。

用法：兩手掌擠於胸前或封住來手。

動作4

身法：身軀平行右移，保持中正，不可右傾（右肩低、左肩高），以右肩外側靠出。

步法：左蹬右弓，重心漸漸移至右腿，其比例約為左三右七。

手法：左掌順勢移至右腕內側，合於身前。

用法：進身以右肩外側向隅角（西南方向）靠擊貼近

我身之人。

動作 5

身法：腰胯左轉約 45 度，身軀朝東。

步法：坐實右腿，漸漸伸展，膝尖和腳尖均朝向東南；左腳跟先提起，隨即腳尖稍離地，然後向東南方向（或東）弧形邁半步，以腳掌著地（不宜以腳尖點地，以免造成左腿僵硬），腳尖朝東，腳跟稍離地（不宜抬得過高，以免影響左腿鬆柔），左膝微弓成高位左虛步（身體高度略高於提手上勢的右虛步以及手揮琵琶的左虛步）。

手法：右掌邊內旋邊向前上方弧形上滾（練此動作時，可想像我的右肩已靠在牆上，右手臂不可能越牆而過，這樣可避免右掌分得太開，至右肩右側，然後向左上方兜圈子，這種兜圈子的練法，好像很瀟灑、很好看，但無掤可言），至右額前上側，掌心朝前略偏下（不宜朝左，如果像上課舉手提問的姿勢，哪來掤勁），手指斜朝上成斜切掌（不可橫掌，以免抬肘；也不可立掌呈招手或投降狀，以免影響上掤勁），腕微右實（不宜前突呈坐腕狀），勁點在掌緣，手臂呈弧形，上臂宜稍平，「肘不過肩，腕不過髮」，不可聳肩抬肘；左掌向左向下弧形採至左胯旁，掌心朝下略朝裏，手指朝前，坐腕，勁點在小魚際，手臂也要呈弧形，與右臂上下撐圓，且有分意。

用法：右手掌上掤，以斜切掌擊人臉部，或者以掌緣掤架擊我頭部之手；左手掌往下採開擊我腹部之手（腳），或者以肘擊人肋部。

二十、白鶴亮翅時如何做到 「對拉拔長」？

　　提手上勢承接白鶴亮翅時，左手攦、採（或肘）、右手攦、抄，至兩手上下相合，接做擠、靠，然後左手向下摟（或採），右手向上掤、挒至白鶴亮翅定式時，先輩要求身肢有上下對拉拔長的感覺。那麼，如何做到身肢對拉拔長呢？

　　對於對拉拔長，一般理解為頭頂領，腳底勁力朝下。其實全身的對拉拔長，是身體各局部對拉拔長的綜合。練白鶴亮翅的意念，建議顧及以下 7 個部位的對拉拔長。

　　1. 鎖骨持平，兩肩井穴部位向下沉掛，微收下頜，頭頂百會穴虛虛領起，尋找一種沿著胸椎、頸椎，直到頭頂的直線牽引感，這時頭頸好像長了一點。

　　2. 大椎骨上提，骶骨下沉，使重心下降、穩定，引成對拉拔長之勢。

　　3. 打開腹腔部位的間隔，即打開橫隔膜與骨盆之間的伸縮距離，這是身體伸展的分界處，打開這個間隔，形成對拉之勢，有拔長之感；打開這個間隔，又可減小胸椎和頸椎向前的彎曲度。

　　4. 肩部鬆開下沉，右腕意欲向上掤、挒。

5.左手下採，以助右手向上掤、挒之勢，兩手上下拉開，運勁如抽絲。

6.右腳底踏實意欲向下，反作用力經膝關節向上。

7.勁起右腳跟，似植地生根，由地面的反作用，勁力經腿而腰而脊而臂而腕，右手向上發勁。

身肢對拉拔長了，則拳架舒展、體態挺拔、氣宇軒昂、上盤輕靈、下盤沉穩和勁長意遠。就健身效果而言，經常用意念去拔長脊椎，可使氣血通暢，減少（治療）老年性骨質增生，避免老年性駝背。

最後再重複一句，這裏所說的頭頂青天、腳踩大地是一種意念，是一種氣慨，而不可用拙力硬頂猛壓，也不可用意太過，以免身肢僵直，動作不靈。

攜首批弟子向張哲清、毛招娣師兄請教拳術

二十一、白鶴亮翅接左摟膝拗步時 如何做到神貫頂？

1. 何謂神貫頂

拳論中有虛靈頂勁、虛領頂勁、提頂、吊頂、頭頂懸和神貫頂等術語，其名稱雖然不同，但其含義是雷同的，即要求頭頂百會穴（在頭頂正中線與兩耳連線交點處），有輕輕領起全身的意念，意想頭頂如有吊扇吸著，或如有繩子懸著。再強調一遍，這是精神上提，而切莫理解為用力上頂，也不要意念太強，以免導致頸部僵直、氣血上浮和全身肌肉變僵。

在上述相似的術語中，筆者以為王宗岳老前輩和楊澄浦師公「神貫頂」和「神貫於頂」的提法更為妥貼，因為這種提法既表達準確、通俗易懂，又可避免不必要的誤解和副作用。

2. 神貫頂的作用

（1）百會穴輕輕領起，使頭部自然正直。百會穴與會陰穴（肛門和外生殖器之間）上下一條線，利於立身中正，身形挺拔。

（2）產生一種腳踩大地、頭頂青天的氣慨，給人一種氣宇軒昂和充滿自信的感覺，正是「頂勁一領而周身精神皆振」。

（3）使動作輕鬆靈活，「滿身輕靈頭頂懸」，「精神能提得起，則無遲重之虞」。

（4）有利於大腦中樞神經控制腰、腳、手和眼睛等部位，使身體保持平衡，特別是單腿支撐時，其作用尤為明顯。

（5）呼吸和順，氣血暢通。

（6）內勁潛轉。

3. 白鶴亮翅接左摟膝拗步時如何做到神貫頂

（1）當白鶴亮翅定式時，左腳掌著地成高位左虛步，身體朝東，右掌在右額前上方，掌心斜朝外，手指斜朝上成斜切掌，「腕不過髮，肘不過肩」；左掌置於左胯旁，坐腕，掌心向下略朝右。這時，頭部和頸項應做到：

①在外形上要求頭容正直，不前俯後仰、左歪右斜和搖頭晃腦；內在要求百會穴虛虛領起，做到神采奕奕，但切不可用拙力或意念執著而強作精神。

②頸項的姿勢對神貫頂起著重要的作用。同理，頸項應自然豎直，不東偏西歪、左右前後搖晃；百會穴虛虛領起，結合兩肩井穴微微沉掛，頸項似有伸長之感，但在外形上又不能出現梗脖子的現象；頸部肌肉應鬆柔，不要僵硬，也不要軟塌鬆懈。

這兩條說說容易，做到則難，平時可請老師（包括拳友、學生、鏡子、照片和錄影）不斷加以指正。在行拳時自我檢查的方法是，頸項後部宜微貼衣領。

（2）當右掌隨沉胯、轉腰、鬆肩、墜肘、旋臂從身前中線弧形下落，節節貫通，意欲以掌緣斬截擊我之來拳。此時，頭部帶動身軀右轉，並隨之微微裏收下頜，再結合吸氣，使動作輕靈，拳架緊湊，有蓄勁。但切不可呈低頭和頸椎前傾狀，以免呼吸受阻、氣血受阻和神形萎靡。這時，頸項後部與衣領宜似貼非貼。

（3）當右掌經右耳旁邊內旋邊向前推出時，下頜微微向外，結合呼氣使動作沉穩，拳架展開，利於發勁。這時，頸項後部與衣領回復到微微相貼的狀態，但又不要呈貌似精神的仰面或頸項後仰狀，以免破壞了神貫頂，使動作生硬，且由於氣血滯澀和頸部肌肉僵硬，日久會造成頸項酸疼和頭部不適等症狀。

由上所述，行拳時頭部除了左右旋轉帶動身軀轉動外，還宜隨著拳架的變化而作微微俯仰，一般出掌（出拳）時，頦部宜略微前移；屈臂回收時，下頦宜微收，以使走架時有神有靈氣。同時，在練拳純熟後，只需提起精神，不宜特意去神貫頂。

二十二、練左摟膝拗步時如何理解「一動無有不動」？

本專題將就「一動無有不動」的含義，「一動無有不動」與其他拳理的關係，並結合左摟膝拗步的練法談點體會，最後回答讀者提出的關於左摟膝拗步定式時左手掌的高度這一問題，供初學的拳友參考。

1.「一動無有不動」的含義

練拳時，應牢牢地記住意領形隨，意念一動，全身內外皆動，好像火車頭一動，所有的車廂隨之移動。這就是拳論中的「切記一動無有不動」。

2.「一動無有不動」與其他拳理的關係

（1）要達到「一動無有不動」的境界，必須做到「上下相隨」和「內外相合」兩條技術要求。如果說「上下相隨」是練拳的初步要求，「內外相合」是進一步要求的話，那麼「一動無有不動」則是更進一步的技術要求，它要求意念一動，則腹部、腰部、手足和眼睛等隨之而動。

（2）將「一動無有不動」與另一條練拳要訣「其根在腳，發於腿，主宰於腰，形於手指」相結合，才能練出行

雲流水的拳架，才能達到最佳的技擊效果。

（3）在要求做到「一動無有不動」和「其根在腳，發於腿，主宰於腰，形於手指」的同時，還應做到「周身節節貫串」，「掌腕肘和肩，背腰胯膝腳，上下九節勁，節節腰中發」不可互相脫節。常見的弊病是下肢先弓到再轉腰出手、腰腿均已到位再出手或腰胯到位後蹬腿。正確的動作是看似簡單，且人人皆知，但是在整套動作中真正能做到上述技術要求的，太少見了，唯有經明師不斷嚴格要求、精雕細刻，以及自己虛心求教、不懈糾錯，才能處處爭取做到拳理與拳架相結合，願與讀者共勉之。

3. 左摟膝拗步的練法

上接白鶴亮翅（或手揮琵琶）。

動作1

身法：鬆右肩，收右胯，身軀邊下沉邊微右轉（約10度），朝東偏南。

步法：右腿微下蹲；左腳跟略提起（手揮琵琶接做左摟膝拗步時，左腳掌著地）。

手法：墜右肘，右掌邊外旋邊自面前經身體中線（鼻尖與臍之連線）前弧形下落至心口前，掌心朝裏偏左，拇指朝上；左掌邊外旋邊向右前方移至腹前，掌心朝右偏下，拇指斜朝上。

眼法：向前平視，關顧右掌。

動作 2

身法：腰胯繼續右轉 20～30 度，身軀繼續邊右轉邊向下呈螺旋形擰轉，朝向東南偏東。雙肩應齊平，不可左高右低。

步法：右腿繼續微下蹲，左腳掌略離地。

手法：右掌邊外旋邊向下偏右至右胯旁，手背斜向後，手指朝下；左掌邊外旋邊移至心口前，掌心朝右。

眼法：關顧右手掌下沉。

動作 3

身法：腰胯繼續右轉約 15 度，身軀朝向東南或東南偏南（不可轉體過多，甚至朝向正南，以致出現動作太過、肩胯不合、有失中正，容易憋氣和看不到東面的對手等弊病）。

步法：坐實右腿；左腳提起稍後移，小腿自然下垂（不宜收至右腳內側），腳尖斜朝下（離地不宜超過 10 公分）。

手法：右掌邊外旋邊向右上方畫弧至右肩外側，手臂微屈，腕宜與肩同高，掌心斜朝上；左掌邊內旋邊向右至胸前（不要靠近胸部），掌心斜朝下，與右肘相對。

眼法：稍關顧右掌，隨即關顧左掌方向。

動作 4

身法：腰胯微左轉（約 10 度），鬆開左胯。

步法：左腳向前（東）偏左（北）邁出，腳跟先輕輕著地，然後腳掌、腳尖著地、全腳踏平，兩腳跟的橫向距離宜 20～25 公分。

手法：右掌邊外旋邊隨屈臂收至右耳旁，掌心朝北偏東微朝下，手指斜朝上（不宜手指朝前，掌心朝下）；左掌邊略內旋邊向左下方下採至腹前。

眼法：關顧左掌方向。

動作 5

身法：腰胯左轉約 35～45 度，身軀朝東，不可後仰，右肩不宜前衝（側視兩肩，應平齊）。

步法：蹬右腿，自然伸直；弓左腿，成左弓步。

手法：右掌經右耳旁邊內旋邊向東立掌推出（不宜在右肩外側前推，以免造成亮肘露肋、動作散亂、勁力難合和擊人不著等弊病），手臂微屈、垂肘、坐腕，腕高宜略低於肩，掌心朝前偏北；左掌邊內旋邊向下向前經左膝前上方（不宜離膝過遠，也不宜經左大腿上方）呈半圓形摟至左大腿側上方，手臂微屈，藏肘，掌心朝下略偏右，坐腕，虎口宜朝前。

眼法：向前平視，關顧左掌摟至膝前，隨即關顧右掌前推。

4.「一動無有不動」的實例探討

下面結合左摟膝拗步的練法，對意動、腹動、腰動、腳動、手動和眼動分別進行探討。

(1)意　動

當白鶴亮翅定式接做左摟膝拗步時，意想右臂化去來力，隨之意想對方以左拳擊我心口，我右掌下落以掌緣攔截來拳，繼而意想以右手背端部撩擊右後方對手的下身，然後右掌自右耳旁推擊對方胸部或下頦，推擊時宜意想推到了人再前推；左掌以腕部（拇指側）攔擊對方用右手打來的第二拳，並以左掌護右肘（或準備以肘擊人），繼而摟開對方擊我中、下身之來拳，然後護左膝。

當動作1～動作3時，意想身軀好像鑽孔用的鑽頭，邊右旋邊往下呈螺旋狀旋轉。

當動作4左腳前邁時，意想「如履薄冰」或「邁步似貓行」。

當動作5時，意想右腿如行船的竹篙，著地向前撐，前撐時宜腳底外側著力、踝外撐、小腿外繃。

(2)腹　動

在意念的支配下，體內的呼吸肌和橫隔膜等進行活動，腹部隨之在做縮張的同時，宜做如下轉動——自白鶴亮翅做左摟膝拗步時，腹部先向下向右、向右向上轉動，然後向前向左轉動。這種腹部的立體轉動，就是所謂的「翻肚皮」、「腹球旋轉」或「丹田內轉」。

(3)腰　動

當動作1～動作3時，以右胯略收沉為先導，引導腰右轉。

當動作4時，腰胯略左轉，鬆開左胯，同時輕靈地邁左步。

當動作 5 腰胯左轉宜有向下的壓味，以便左胯收沉，有利於「植地生根」和防止身體前撲、膝過腳尖。

　　(4) 腳　動

　　在動作 1 和動作 2 時（特別是在手揮琵琶接做左摟膝拗步），普遍存在的問題是，左腳一直不動，任憑腰動和手動。

　　在做動作 4 和動作 5 時，普遍存在的問題是，下肢早已完成左弓步，而兩手掌還在左摟右推，這不符合「一動無有不動」的拳理。

　　(5) 手　動

　　在做左摟膝拗步時，上肢一般會出現以下 4 種不符合「一動無有不動，一靜無有不靜」的弊病：

　　①動作 1，因意念專注於右掌，產生右掌動而左掌不動的現象。

　　②動作 2、動作 3，右掌尚未到位，而左掌早已到位不動。

　　③動作 4，右掌「摸耳朵」時，左掌停滯不動。

　　④動作 5，左掌早已摟到位，而右掌尚在前推。這是常見的現象，究其原因，大致有三：

　　其一，做動作 3 時，左掌不是移至胸口前，而是在腹前，從而減少了左掌摟膝的運行距離。另外，這種練法還可能產生上述第③種不良現象，即右掌「摸耳朵」時，左掌不動。

　　其二，意念過於專注於右掌前推，忽視了左掌摟膝的作用。

其三，左掌摟膝時的運行路線不是經左膝前上方，而是經左大腿上方徑直向左摟去。

(6) 眼　動

白鶴亮翅接做左摟膝拗步，即動作 1 時，眼正視前方（東）；動作 2，目光斜視右下方（此時不要低頭）；動作 3，斜視右上方（西南）；動作 4、動作 5，又逐漸向左下方轉動，然後平視前方。

對於眼動，在做左摟膝拗步時，初學的拳友往往會出現以下兩個毛病。第一個是當動作 2、3 時，面部仍朝向正東，這樣眼睛豈能瞄到右手掌；另一點是，為了看到右手掌而把面部轉西南，形成扭脖現象。因此，當動作 3 時，身軀和面部均應朝向東南（或東南偏南），而視線應移至眼梢之右，關顧右掌。

5. 關於定式時左手掌的高度

的確，對於這個問題，在拳書中難以找到答案。竊以為，在練拳時，如果符合了上述的練法、用法，那麼其高度取決於每個練拳者手臂的長度。由於人們的臂長各異，因此，確實不宜用一個定量來回答這個問題。

分析先輩們的拳照表明：一般來說，對於臂長者，左手掌高於左大腿約一個平拳；對於中臂者，左手掌高於左大腿約一個立拳；對於短臂者，左手掌高於左大腿約兩個平拳。

總之，左摟膝拗步定式時，「左手不能太高，不要把摟膝拗步練成摟腰拗步」。

二十三、手揮琵琶時如何做到
「邁步似貓行」？

評論一個人拳藝的高下，首先看其步法的優劣。前輩們均要求「邁步似貓行」、「起落猶如貓行」，其實質是要求邁步輕靈沉穩、緩慢均勻、連綿不斷，而不是機械地去模仿貓的行走。

如何做到邁步似貓行？筆者曾撰寫《邁太極步的 24 點要求》一文（刊登於 1989 年第 3 期《太極》雜誌），見本書附錄 2。現根據近兩年的習拳體會，補充兩點看法，供拳友參考。

1. 先蹬後引

要使邁步輕靈沉穩、連綿不斷，必須掌握好重心。掌握重心，是任何一種層次的拳友都不能回避的基本技術，其核心是不露痕跡地進行轉移。

當開始做左摟膝拗步時，坐實右腿，重心 100% 在右腿；自左腳前邁腳跟先著地，腳外側小趾至大趾依次踏平後，蹬右腿，將重心漸漸送至左腿 70% 左右；然後左腳趾意欲抓地，把右腿剩下 30% 的重心緩緩地請（牽引）過來，坐實左腿。

2.「腿在腰上」

當全部重心移至左腿後，右胯輕輕領起，將鬆淨的右腿（胯、膝、踝關節和肌肉均放鬆）猶如從泥漿（或深雪中）中徐徐地拔出來，這時右大腿好像不是長在胯上，而是長在腰上，然後右腳尖略向前著地，腳掌和腳跟先後著地做墊步，重心又緩緩移至右腿成左虛步。

與參加第73期傳統楊式太極拳學習班的拳友合影留念

二十四、手揮琵琶與提手上勢的 練法有什麼不同？

在回答這個問題之前，先說一下手揮琵琶的練法。
上接左摟膝拗步。

動作 1

身法：收沉左胯，重心繼續移至左腿，身軀在微微前移時，不可前傾。

步法：坐實左腿，右腳跟抬起。

手法：右掌邊隨身體前移邊內旋邊鬆腕成坡掌，掌心斜朝前；左掌邊外旋邊略向右前方移動，掌心斜朝右。

用法：順勢前移，準備做跟步。

動作 2

身法：腰胯右轉約 30 度，身軀朝東南偏東。

步法：右腳稍提起向前約一腳之距，腳掌先著地，然後重心漸漸後移至右腿；左腳提起，小腿自然下垂。

手法：左掌邊外旋邊向右上方弧形提於左胸前，肘微屈，掌心朝右偏下，拇指上揚；右掌邊外旋邊屈臂向下後撤，收於左肘內側，掌心朝左偏下，拇指上揚。

用法：後坐側身避來拳，左捌右採，黏其腕肘，合力撅臂。

動作3

身法：腰胯繼續右轉約15度，身軀朝向東南，右胯收沉。

步法：坐實右腿，左腳略向右前方移動，腳跟著地，腳尖微翹，膝微弓，成左虛步。

手法：左掌隨身體右轉邊外旋邊坐腕略弧形上舉，掌心朝右，手指斜朝上，食指尖與鼻尖同高；右掌邊外旋邊略向前上方提送，掌心朝左偏上，仍與左肘尖相對。

用法：趁對方收回，順勢向前發勁，將其掀起。

比較上述二勢的練法（提手上勢的練法見十八），現在可以看出手揮琵琶與提手上勢的10個區別：

1. 提手上勢是承接單鞭，手揮琵琶是承接左摟膝拗步。

2. 提手上勢是實扣左腳，坐實左腿；手揮琵琶是坐實左腿，右腳向前墊步，然後坐實右腿。

3. 提手上勢的腰胯轉動2次，即右轉45度，再左轉45度；手揮琵琶轉動一次，即右轉45度。

4. 兩手掌的運行軌跡，提手上勢是兩掌下沉之後，邊向裏合邊向上提邊向前送；手揮琵琶的左掌隨轉體向前弧形上捌，右掌是先下採，再合手，然後向前上方提送。

5. 定式時，提手上勢是右虛步，手揮琵琶是左虛步。

6. 提手上勢是右掌在前在上，左掌在後在下；手揮琵

琶是左掌在上在前，右掌在下在後。

7. 提手上勢面向正南，手揮琵琶面向正東，身軀均朝向東南。

8. 提手上勢下面的手掌（左）掌心朝右偏下，手揮琵琶下面的手掌（右）掌心朝左偏上。

9. 提手上勢是以合勁為主，手揮琵琶是以撅勁為主。

10. 提手上勢的用法是使對方脫臼或斷臂，手揮琵琶是將對方掀倒。

二十五、右摟膝拗步接做左摟膝拗步時如何做到「腳走弧形」？

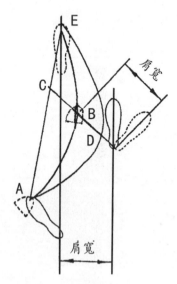

筆者對邁太極步曾先後提出了 24 點要求，其中第 10 點是：「腳走弧形」。左腳提起不要直向前邁，應略近（不是靠攏）右踝旁前伸，呈弧線狀，但也不要做作，使弧度太大。對此，有讀者質疑問道：「對於腳走弧形的路線是否可以再明確一點？」我非常樂於對此作進一步明確表述。

仍以右弓步接做左弓步為例（圖 8）。

1. 右弓步時，右腳朝東，全腳踏實，屈膝半蹲，右膝與湧泉穴上下相對；左腳朝向東北，全腳著地，腳跟蹬實，左腿自然伸直；左腳跟與右腳的橫向間距，宜與肩同寬。

2. 收沉右胯，右腳以腳跟為支點外撇 45 度，重心漸漸移至右腿；左腳

圖 8

跟離地外展，大腳趾內側著地；身體右轉約 15 度。

3.腰胯繼續右轉約 30 度，帶動左腿，膝蓋朝前，左腳尖離地自然下垂，由 A 點向裏向前弧形邁至 B 點，此時左肩井穴、左胯和左腳宜在同一垂線上，也就是說，這時兩腳（右腳踏實，左腳懸空）的橫向間距仍保持與肩同寬，這樣可保證左胯、左腿、左膝和左踝呈自然鬆弛狀態。左腳如果經 C 點直線前邁，整條左腿容易僵硬，邁步難以達到輕靈似貓行。反之，左腳如果經 D 點繞道前邁，則襠部夾住成尖襠，且邁步路線過長，不符合技擊要求。

4.坐實右腿，腰胯略左轉約 10 度，左胯鬆開，左膝前領，左腳經 B 點繼續向外向前弧形邁至 E 點，腳跟先輕輕著地，全腳踏平，朝向正東，兩腳間距保持與肩同寬。

5.腰胯繼續左轉約 35 度，身體朝東；左腳踏實，「支撐點在腳跟」，蹬右腿，「主動送客」，弓左腿，成左弓步。

經上述簡析，愚以為右弓步接做左弓步時，左腳宜按圖中 ABE 弧線向前邁出。

二十六、練搬攔捶時如何理解「用意不用力」？

「用意不用力」是一條重要的行拳準則。對此，眾說紛紜，莫衷一是，茲結合搬攔捶一勢，談點一得之見。

1. 何謂「用意不用力」？

意就是意念，也就是想法、想像。用意就是中樞神經對肢體按太極拳的拳法、拳理或用法進行引導的活動。

改變物體運動狀態的作用叫做力，力有大有小。要行拳走架，必須用力。如果純粹按文義解釋「用意不用力」，只用意念，而不需用力，那豈不成了氣功中的靜功。拳論中的「不用力」只不過是一種誇張的說法，其目的是為了突出用意的重要性。所以，對「不用力」應理解為不是憑大力取人，而是不用多餘的力。譬如，手臂的重量為 2.5 公斤，小於 2.5 公斤的力則舉不動手臂，當然不能走架；行拳最佳的力，應是帶動手臂運動的最小力；如果用力大到 4 公斤、5 公斤甚至 8 公斤，勢必會出現動作僵硬，肢體不穩和氣喘吁吁等不良現象。

法國雕塑家羅丹曾對自己的雕塑作品釋意：「我其實並沒有做什麼，只不過去掉了那些多餘的東西。」這句話

所包含的哲理，值得我們太極拳愛好者反覆咀嚼。殊不知，練拳中的「多餘」力量，乃是破壞動作柔韌、氣血暢通和勁力順達的重要因素，必須經由成年累月的不懈地悉心習練，逐步加以減小。

因此，竊以為拳論中的「用意不用力」，宜改為「用意不憑力」或「用意少用力」較為確切，即習拳時應多用意念，不用多餘的力。

2.「用意不用力」的內容

隨著習拳者年趨深入，「用意不用力」的內容宜有所不同。

（1）習拳初期，意念主要集中在身法、身型、步法、步型、手法、手型等規範的動作上。例如：

①做搬時，右拳（拳心朝下）自左脇向右向前略向上搬至胸前，前臂邊搬邊外旋至拳眼朝上；左手坐腕，跟隨於右腕內側。同時，右腳向右前方邁步（因隨即邁左腳，故右腳應外撇45度；又因右拳是平的搬，是橫勁，故兩腳的橫向距離應比一般的弓步略寬些），左腳務必撐蹬，腰胯右轉，重心前移。

②做攔時，左腳宜略先於左手，不可先出手、後出腳。左手邊內旋邊前擊，掌心朝東偏南，不要朝東，也不要朝南；右拳繼續外旋至右腰側前，拳心朝上，右肘莫過身後。

③做捶時，右拳隨腰胯左轉，邊內旋邊前擊，拳眼漸漸朝上；左手移至右前臂前端，手指朝上。同時，弓左

腿、蹬右腿成左弓步。

在習拳初期，必須改變平時的用力習慣和去掉「練武必用力，力大功越深」的錯誤概念，否則將走彎路，甚至誤入歧路！

（2）當拳架較為規範、熟練，且逐步克服拙力、僵力，日趨柔韌，此時的思維活動可結合拳理作各種想像：

①左摟膝拗步接做搬攔捶，左手向後向上畫弧時，左前臂的肌肉猶如掛在尺骨和橈骨上；右手弧形下行時，想像地球的引力將其吸下來。

②當左胯左轉時，邊轉邊向下有壓意，左胯下沉，想像勁力經左腿螺旋入地。

③當坐實左腿時，彎曲的左腿好像車廂下的彈簧，承受著身體的重量。

④當邁右步時，好像貓行似的輕靈無聲、安穩自如，如履薄冰，或好像在游泳池中邁步。

⑤當左掌前攔、右拳後收時，前後對拉似抽絲無斷續，中間好像存在無形的彈簧、橡皮筋或泡泡糖。

⑥當左掌前攔或右拳前捶時，好像有一種推動空氣移動的感覺。

⑦當左掌前攔時，掌心有突意。

⑧當搬攔捶即將拳到、弓到、腰到時，要有「京咚鏘」京劇中亮相的意識，也可做聚全身勁於一點的想像。

⑨當搬攔捶定式時，既要意識貫注於拳和掌，又要有上頂青天、下踩黃土的意念。

（3）待到太極拳動作準確、嫻熟後，盡量去掉多餘的

力，可結合技擊含義進行攻防的想像。太極拳的每一招式都有一定的攻守含意，但由於每勢的攻防用法多變，茲僅舉1～2種意念，供拳友舉一反三，練一套明白拳。試將搬攔捶一式分解成4個動作。

①當左摟膝拗步定式時，對手以拳擊我，我則轉身讓過，並以右腕進行盤掛，待機行事；左手向左後以指背擊人陰部，隨即向上向前護右腕。

②當右拳平搬時，可守可攻，如對方拳再擊我胸，即進右步，順手搬開；攻則進右步，擊打對方。左手坐腕附於右脈門處，以助右拳平搬，或為下招做好準備，隨機應變。

③倘對方欲退，我則上左步，以左掌攔擊其胸；右拳拉至腰側前，以增左手之勁，或伺機待動，或以右肘擊身後對手。

④對手還未被我攔倒，則進身以右拳捶對方心窩；左手回收，保護右脈門。

上述三個階段「用意不用力」的內容，不是截然分開的，如果按拳理用意時，也可按技擊（甚至拳法）用意；如果按技擊用時，也可按拳理（甚至拳法）用意；但在行拳初期，不宜按拳理、技擊用意。總之，用意的內容可因人、因時而異，才能達到理想的效果。

3.「用意不用力」的要求

（1）以意念行拳，每個動作都要求「始而意動繼而形動」。

（2）練太極拳強調用意，首先必須使大腦鬆靜，以練拳之念排除生活和工作中的雜念，即所謂的「一念無所思」，才能平心靜氣地習拳，也有利於修身養性和改善神經系統功能。

（3）太極之道即中庸之道，無過無不及，「用意」亦然。用意應適度，否則物極必反，用意太過或為了表現出勁力，勢必拙力外露、動作僵硬和內勁丟失，難入太極之門。

（4）肢體放鬆（特別是鬆肩和鬆胯），在鬆柔的狀態下行拳，日積月累，手指及腹腔內臟開放的毛細管增多，有利於改善心血管系統和消化系統功能。同時，氣血運行感較強，拳味淳厚無比，練拳的興趣就會更加濃厚。日久天長，僵力自去，才有可能達到意到形到勁到的境界。

（5）外形動作愈緩慢，內在意念作用愈大，也愈長功力。同時，由於動作緩慢，呼吸則深，有利改善呼吸系統功能。又因動作緩慢，運動量隨之增大，起到增強腿力的作用。

（6）在平常習拳、表演或比賽時，要有一種「視而不見、聽而不聞」的意境，把自己置身於花草樹木或青山綠水中，排除周邊環境對自己的干擾（如物體的移動、人體的行動和雜亂的聲音等），意想「有人似無人」。在做單人盤架或拆架練習時，宜強化攻防互蘊的意識，意想「無人似有人」，對手似在左右前後，在做雙人搭手練習時，要強化意念的穿透作用，意想「有人似無人」，不要受對方的阻擋，而宜讓攻防的意念穿過對方的身體。

（7）行拳時所用的力，是一種連綿不斷的靜動力、延伸力，而不是一種衝擊力、過頭力。

如果在「用意不用力」上下功夫，身體的相關部位就會產生種種良性反應，特別是敏感的指肚會產生脹、麻、熱感，甚至有向外放射氣血的感覺，可提高健身效果和練拳興趣。如果在「用意不用力」上下功夫，能使動作輕靈規範和神形兼備，可提高拳架品質。如果在「用意不用力」上再下功夫，就會產生輕靈而又沉重的內勁，且內勁逐年增加，永無止境。

先輩曾指出，誰能把搬攔捶一勢做到意到勁到、勁健迅疾，才算把這一勢真正學到家、練上手，有了這一招鮮，與人交手時可隨心所欲地應用，心中就踏實了。

參加第三屆永年國際太極拳聯誼會比賽後與拳友們合影留念

二十七、如何區別「按」與「閉」？

「攬雀尾中的『按』與如封似閉中的『閉』，二者的練法有什麼區別？」現談點一得之愚，供拳友參考。

對初學傳統楊式太極拳者來說，套路中有些招式確實容易混淆，如按與閉、右掤與擠、提手上勢與手揮琵琶、白鶴亮翅與退步跨虎、搬攔捶與撇身捶、栽捶與指襠捶、右打虎與彎弓射虎等。因此，在演練上述幾勢時應分清楚，不要讓人看不懂你練的是哪個招式。

1. 按式的練法

（1）按式是承接擠式。以肘為軸，右掌邊內旋邊向前方伸展，至右肩前，掌心朝下略偏左；左掌以肘為軸經右手背交叉擦過，至左肩前，掌心朝下略偏右，兩掌間距窄於肩寬，左右分化對方來力。

（2）撐右腿、屈左腿，重心漸漸後移，坐左腿，成左坐步，臀部略與左腳跟齊平，應做到蓄有後退的餘地，為此，臀部不可超過左腳跟，以免導致重心落在左腳跟而易被人推倒、動作僵滯和有礙及時前按；腰胯略左轉（左轉時不宜超過45度，以免動作散亂、產生分力；也不宜不轉腰胯，以免影響前按時的勁力），身軀朝向西偏南；兩肘

尖下沉，帶動兩掌邊外旋邊收回至胸前，以緩衝對方來勢，兩掌間距不宜大於肩寬，以免胸門大開和按勁不能專注一方，兩掌心斜相對（左掌心朝向西北，右掌心朝向西南），四指斜朝上，略坐腕。

（3）蹬左腿，弓右腿，成右弓步；腰胯略右轉，身軀朝西；兩掌微向下做一小圓弧（但不可下降至腹前，以免胸部暴露挨打，且兩掌易被捆住），然後微向上邊內旋邊向前帶淺弧形按出，使對方後仰倒地。至定式時，兩手臂應微屈，似直非直，使手臂保持圓滿，富有彈性，發勁才能曲蓄有餘，收發自如；兩掌心宜高與肩平，不宜腕與肩平，不可腕高於肩，以免打空和減弱按勁；兩掌緣略向前，不宜平掌向前，以免抬肘、僵指和不得力；兩掌應在同一平面上，不宜右掌在前、左掌在後，以免變成單手按，因此，兩掌在前按時，必須蹬左腿、收右胯；兩掌稍窄於肩寬，兩拇指間距約一個拳頭之隔，如果間距過大，會使動作落空，勁力不集中，兩掌心按逼對方手臂的肘腕處或胸部，勁點在兩掌掌根。按至定式時，宜感覺背後衣服貼到身上，但決不可故意呈彎腰弓背狀，動作到位了，按勁就充實了，拳論稱謂「背圓則力透」、「有前必有後」。

2. 閉式的練法

（1）上接如封似閉的封式。封式的定勢：左腳在前，右腳在後，兩腿彎曲，重心在兩腳中間（連續動作的一瞬間）；身軀朝東偏南；兩小臂（近腕處）交叉成十字封條狀，護於胸前，右臂在裏，兩虎口朝上，兩掌心斜朝裏，

謂之封。

（2）重心繼續後移，成右坐步；腰胯繼續微微右轉，身軀朝向東南偏東；兩掌邊內旋邊向左右撥開，兩掌心朝裏，兩小指的距離與肩同寬，手指上揚。

（3）蹬右腿，重心漸漸前移至兩腳中間（約五五開）；腰胯略左轉，身軀朝東偏南；兩掌內旋翻掌，掌心斜朝前，兩拇指間距與肩同寬，蓄勢待發，然後邊向前邊向中間相合，「好像把門閉住，不能開」，及至兩拇指相距約一拳之隔，兩掌心斜相對，謂之閉。

（4）重心繼續前移，成左弓步；腰胯繼續略左轉，身軀朝東；兩掌平正按出，坐腕豎掌，手掌內旋使掌心朝前略斜，高與肩平，兩拇指仍保持約一拳之隔。

3. 按式與閉式的區別

由上述二勢的練法，不難看出按式與閉式的區別——

（1）按式是承接擠式，兩掌分開後邊外旋邊收回，兩掌間距不變，兩掌心斜向前，兩拇指相對，間隔一拳，謂之抽（掛）。而閉式是承接封式，兩掌邊內旋邊向左右分開，掌心朝裏，兩小指相對，其間距與肩同寬，謂之開（撥）。

（2）動作過渡到向前時，按式是兩掌微微下沉做一小圓弧，而閉式是兩掌內旋翻掌後即做閉合。

（3）兩掌向前時，按式是平正按出（圖9所示），而閉式是先合，然後向前按去（圖10所示）。

圖 9 按式的兩掌向前時的
運動軌跡（俯視圖）

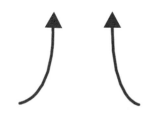

圖 10 閉式的兩掌向前時的
運動軌跡（俯視圖）

在上海閔行區太極拳研究會領練傳統楊式太極拳

二十八、十字手前後兩腿怎樣「分清虛實」？

楊澄甫師公指出：「太極拳以分清虛實為第一要義」，「兩腿宜分清虛實」。在拳架中，兩腿分清虛實主要是指步型（表示下肢所構成的幾何形狀，是變換的結果）和步法（步型變換時下肢運動的方法，是變換的過程）上的虛實。在邁步時應遵循邁步似貓行（前文已有論述），在做步型時應虛實分清。

眾所周知，主要支撐體重的腿為實，輔助支撐、不支撐體重或移動換步的腿為虛。如弓步步型，身體重量的70%左右在弓腿，為實；約30%在蹬腿，為虛。又如虛步步型，後面實腿分擔的體重要更多些，宜大於90%；前虛腿分擔體重要少些，宜小於10%。上述的兩腿虛實，拳友們一般多能說到做到。

在整個套路中，兩腿最易患虛實不清，首推做十字手前後之際。兩腿分清虛實，包括身體重心的轉移、胯的開合和肌肉（韌帶、關節）的鬆緊。下面就重心如何轉移進行討論。

行拳走架時，兩腿的虛實是交替交換的，當重心落在兩腿正中時（各50%），僅僅是一剎那間，隨即又變成一

虛一實，這是允許的，也是不可避免的。同時，重心的轉移，應當是連續的、平穩的，要此虛一分、彼實一分地過渡，不可以突然變化。這樣才能做到行拳如行雲流水，無斷續、凹凸之處。這種虛實轉換變化，貫穿於除預備勢、起勢和收勢3式之外的整套拳架中。

虛實不清，即兩腿平均（各50%）地支撐體重，且持續一段時間，這是雙重的一種表現。

因此，在練至十字手定式時，兩腿切莫像預備勢那樣——兩腳開立，平均地、持續地站立休息一會兒。

為了避免雙重這個常見病，下面對如封似閉→十字手→抱虎歸山的練法談一點看法。

（1）如封似閉定式時，呈左弓步，約70%的體重在左腿。

（2）接做十字手時，左腳尖裏扣90度朝向正南，左腿的重心逐漸由70%增至100%。當左腳掌裏扣著地，右腳跟隨即離地，猶如翹翹板那樣此落彼起；當坐實左腿，右腳尖隨即離地。

（3）坐實左腿，右腳向左靠近，右腳尖先著地，朝向正南，兩腳與肩同寬。當右腳跟著地，左腳尖隨即翹起，又一次做「翹翹板」，此時，右腿支撐的體重約為60%，為實。

（4）十字手承接抱虎歸山時，左腳尖裏扣近90度，重心隨之左移、實腳轉腰胯。當左腳尖裏扣著地，右腳跟、右腳尖隨即先後離地，第三次像翹翹板似的此落彼起，此時，體重全部由左腿支撐。

（5）坐實左腿，右腳向西北方向邁出，重心漸漸前移，成右弓步。

總之，兩腿虛實分得越細微，運動量就越大，健身效果越好，拳術越有長進，造詣也就越高。

參加 1998 年杭州國際民間太極拳交流會後與弟子暢遊蘇堤

二十九、抱虎歸山時如何應用眼法？

這又是一個較傷腦筋的問題。

眾所周知，太極拳外形的練法包括身法、手法、步法和眼法。可是，拳友們往往對前三法較為重視，而容易忽視沒有明顯動作的眼法。我以為，要提高拳藝和增強健眼效果，也應注重眼法。

下面淺說八點學練眼法的體會，並以抱虎歸山為實例進行研討，以求正於太極拳愛好者。

1. 眼法八說

(1) 自然睜眼

練拳時，眼睛應自然睜開，不要怒目圓睜，故作精神，也不要下垂眼瞼，微閉雙眼。因為圓睜雙眼，會導致神經緊張、表情嚴肅和肌肉（特別是頸部）僵硬，影響全身放鬆和氣血運行，不利於行拳和養生；反之，眼瞼下垂、眼睛半開半閉，甚至像練靜氣功那樣微閉雙眼，則不利於神采奕奕、改善眼睛功能和審時度勢做攻防。

(2) 目光平視

行拳時，不可低頭看地和昂首觀天。「低頭貓腰，拳

藝不高」，其中也包含了目光看地。特別是初練者，打拳時總是看在地上，好像在找東西。低頭看地，必將違背「虛領頂勁」和「立身中正」兩大技術要求；同時，看不見對手的動態，怎能應敵。同樣，昂首觀天、目空一切，看似精神，實際上又不符合「虛領頂勁」和「立身中正」的原則。因此，在虛領頂勁的前提下，目光自然平視前方，才能表現出不卑不亢的神態。

(3) 遠眺近注

結合套路的動作，目光有時眺望遠方，有時注視自己主要的手或雙手。的確，目光要平視遠方，但不要直盯遠方，因為呆視遠方，眼睛不能靈動，影響動作靈活和健眼效果；目光總是平視遠方，則意念無所專注，又影響神聚和勁力。目光有時要注視主要的手或雙手，但不要盯著手看。誠然，看手有助於氣血貫注指梢，但死死盯著手看，眼肌張弛減少，不利於改善眼睛功能。

另外，當注視主要手時，宜主視旁睞、點面結合，如果兩眼盯著手看，勢必造成一葉遮目不見森林，豈能做到眼觀六路、觀察敵情，違背了「顧三前、盼七星」的要求（即練拳時既要求看見自己的眼前、手前和腳前，又要看清對方可以擊人的手、肘、肩、腳、膝、臀和頭等 7 個部位）。因此，在練套路時，眼睛注視主手與平視遠方應互相結合，不可偏廢。

一般來說，每當行拳至定式時，目光回收聚攏，注視主要的手或雙手，有助於聚精會神和意到氣到，同時旁睞

前方，隨即目光向前延伸，平視遠方。這樣，目光不時的開合（收放），既符合了拳勢要求，有助於精神煥發，又改善了眼部的血液循環和新陳代謝，可起到保護、恢復和提高視力的作用。

(4) 左顧右盼

目隨勢變，即目光應根據動作的變化而靈活多變，目光有時要左右盼顧，有時要上下瞻視。

目光應盼顧周圍，但不要理解為無所專注，不知所向地目光遊動和漫不經心地東張西望，以致毫無意念、行拳無神。目光左顧右盼，也不要左右搖頭晃腦，左顧不是把頭扭向左側，右盼不是把頭扭向右側，而是轉動眼球向兩側關顧。同樣，上下瞻視也不應抬頭和低頭。由於眼球不停地轉動，對保護眼睛的健康、治療某些眼科疾患和防治眼睛老化，又有一定的效果。

(5) 目光連綿

行拳走架時，手的運行應連綿不斷，目光的轉移也應連綿不斷，不論是平視遠方還是注視主手，不論是左顧右盼還是上瞻下視，自起勢至收勢的整套拳架中，視線應連綿不斷。

(6) 手眼相隨

如何理解拳諺中的「手眼相隨」？當今，普遍有 3 種說法──

①「眼隨手轉」，即手到哪裏，眼睛跟到哪裏。從健眼角度而言，這種練法未嘗不可，但從技擊角度來說，這種手先眼後的練法顯然是有問題的，正如前輩在授拳時所說：「譬如我要取你胸前口袋裏的一支鋼筆，眼睛不先看筆，怎麼能拿到筆，但又不要死死盯著筆看。」

②「以眼領先」或「眼為先鋒」，即首先眼要看到對手，然後再出手。這種練法雖然符合技擊和健眼要求，但這種「以眼領先」、「眼為先鋒」的說法略欠全面，因為它可能會引起手眼脫節和左右搖頭等弊病。

③「眼到手到」，的確，上乘的「上下相隨」應做到意到、眼到、腳到、身到、手到。但嚴格地說，這五者之間均稍有先後，存在著極小的時間差，即意（或眼）在先，眼（或意）隨之，然後是腳→腰→手。因此，「眼到手到」的說法不太嚴密。

經粗淺的分析，上述關於「手眼相隨」的三種說法尚欠妥當、全面、嚴密。因此，筆者認為「手隨眼行，眼顧主手」的提法較為適宜。即是說，目光先至動作預定的方向（部位），但仍要關顧主要手的動作，而不是目光丟開主要的手不管了。只有「手隨眼行，眼顧主手」，才能確保手、眼、身、步協調一致，符合了技擊需要，又起到了眼睛保健的作用。

(7) 心眼相合

上小節我們討論了眼與手的關係，本小節將探討眼與意的關係。要論述意念與目光的關係，首先應明瞭太極拳

每一招式的攻防含義。

當向對方進攻時，以思維活動支配形體運動，也就是說我意欲攻擊對方什麼部位，目光隨之，然後是「其根在腳，發於腿，主宰於腰，形於手指」。當防守時，首先是看到對方向我攻擊的手、腳或其他部位，大腦中樞神經立即作出反應，指揮腳、身、手採取避讓、掤黏或引進落空等招式。所以，竊以為意念與目光的關係是「意眼相隨，互為先導」。在進攻時，宜意念在先，目光隨之；在防守時，宜目光在先，意念頓生。

(8)眼神輪換

眼神有時要關顧左手，有時要關顧右手，那麼，應在何時進行輪換呢？在一般情況下，當兩手在交叉或齊平時，眼神宜輪換關顧所需關顧之手。

2.眼法實例

茲以抱虎歸山為例，試述意念、目光與主要動作如何配合？

（1）十字手定式時，面南而立，平視前方，此時意想前後側皆有對手，需兩面應敵。

（2）我意欲擊左前側對手的腹部或下身，目光由遠及近，顧及左手自胸前下抽（下抽時應先沉肩墜肘，要有抽味，至左髖旁，手指朝下），隨即掃視要攻擊對方的部位。同時，左腳裏扣、坐實左腿轉腰胯，以左手背（陰掌）撩擊對方腹部或下身。然後，目光按順時針方向關顧

左手上舉。當右手自胸前邊略上掤邊內旋至與左手同高時，目光向前平視，關顧右手。

（3）眼見對手自右側以拳擊我，意念命令右手向右摟去；當右手開始右摟後，目光隨即朝西北方向平視，注視左手前擊對方面部或胸肩，然後目光由近及遠，平視遠方。

（4）又見對方從正面以左手攔截我前擊之左手或擊我頭部，意念左手攔住其左腕（左手心斜朝上約 45 度），出右手攔住其左肘（右手心斜朝下約 45 度）。同時，重心宜後移約 1/4，留 3/4 左右的後坐距離給下一動作：攦。

（5）當我的左右手黏住對方腕肘兩個活口後，趁其重心前傾而左攦，我意欲使其前跌至我左後方。兩手隨左轉腰胯，開始左攦時（右手臂應外旋，左手臂應內旋，其旋轉角度均為 30 度左右），目光應關顧右手，「不能野」；左攦至定式時，目光注視左手，「不能散」；隨即眼球沿順時針方向環轉，平視左前方（西偏南），然後平視前方（西北）。

（6）如果對方回抽被攦之臂或僅失重心未被我攦倒，我意將對方擠倒。隨腰胯右轉，以左手心（不是手指，也不是掌根）漸貼右前臂內側（近右脈門），兩手臂合力（以左手為主）向前擠出，使對方跌倒。在前擠時，目光應平視前方，關顧兩手前擠；前擠至定式時，目光回收略注視兩手，隨即向前延伸至天邊。

（7）假設對方用雙手壓我前臂，我則用雙手黏著，隨後坐邊外旋邊回收至胸前（兩手不宜分得比肩還要寬，因

為這種練法看似瀟灑，殊不知自己的胸部已暴露給對方，「門開任人打」；兩手分得太開，不利於黏住對方；兩手分得太開，勢必減弱前按之勁力）。後坐時，目光漸漸收近，關顧兩手回收，但切莫低頭看手。

（8）當我意欲以兩手按（邊內旋邊前按）對方肘腕部或胸乳時，目光向前平視，關顧兩手前按；前按到位時，目光略注視兩手，隨即平視西北遠方。

動作規範、勁力不斷和神采奕奕，是衡量太極拳拳術水準的三個要素。而神采既含形態和氣質的風采，更含眼睛的光采。重視眼法的應用，使目光與意念、手、身、腳協調配合，完整一氣，就技擊而言，既能審形勢、知敵情，又具有一定的威攝作用；就拳架而言，目光靈動有神，能使行拳走架更具韻味、氣度和美感；就健身而言，能防治眼睛老化和某些眼疾。因此，眼法是練好太極拳不可忽視的部分。

三十、練肘底捶時如何分清兩手臂的虛實？

楊澄甫師公在《太極拳術十要》中指出，要分虛實。大部分學員往往把目光盯在兩腳的虛實上，即以兩腳承擔身體重量的多少來畫分虛實，這一點已成共識。

筆者也曾論述了十字手前後如何分清兩腿的虛實。茲根據太極拳陰陽平衡的原理，除了兩腿的之外，兩手臂也同樣有虛實之分，下面結合練肘底捶，就如何分清兩手的虛實、五指的虛實和虛實兼備，依次談點體會。

1. 分清兩手的虛實

兩腳固然要分清虛實，其實兩手也需虛實分清，體現主要內容的手為實，另一手為虛。

肘底捶的動作由兩部分組成：第一部分同單鞭前半部分的動作，惟方向有別；第二部分為連上 3 步，連擊 3 掌。茲分述如下：

（1）在抱虎歸山的按式之後，兩手略俯成坡掌，腕勁不丟，掌心斜朝下（不宜平放，更不能下垂鬆塌），隨腰胯左轉，向左抹轉半個平面橢圓，自西北抹轉至正南，身體約轉 135 度。抹轉時，左手為實，即意念在左掌根外

側，黏住對方小臂或掛開來拳。此時，左掌根宜微微左凸貫勁（手掌以腕為支點略向右移動約 15 度，左掌和小臂略呈弧形）。右手跟隨其後，為虛；同樣，手掌以腕為支點向右移動約 15 度，右掌和小臂略呈弧形，意念在腕右側。

（2）兩手隨腰胯右轉經胸前向右回抹後半個平面（其平面度的允許差範圍為抹轉時高不過肩，回抹時低不過胸部）橢圓。回抹時，兩掌漸漸豎起，此時右手為實，左手為虛，其意念和手腕動作同上，惟左右之別。

（3）當兩手回抹至西偏南時，坐腕豎掌。然後坐實右腿、左腳提起，隨左胯鬆開向東落步；同時，兩手臂邊外旋（請注意兩臂旋轉的節奏，即右手臂的旋轉速度比左手臂略慢一些）邊隨腰胯左轉向左弧形平移，當左手外旋移至正南時，手背朝左，拇指朝上，意在左手背（反手掌）攻擊對方的胸肩或臉部（俗稱反手耳光），左手為實。右手緊隨其後，為虛，協同左手出擊，使雙手合成整勁。

（4）腰胯繼續左轉，坐實左腿，右腳隨即上半步，重心逐漸後移至右腿；當右手隨腰胯移至南偏東時，掌心朝左，拇指朝上，其意用右手再給對方一記正手耳光，為實；左手隨之內旋向左下方翻轉至左肋左前方，掌心斜朝右，為虛，與右手（隨勢內旋移至正東，掌心斜朝左）前後相對，為下一招式作準備。

（5）當坐實右腿，提起左腳以腳跟輕著地，成左虛步時，左腳尖不宜翹得太高，以免影響鬆左胯及虛腿的鬆柔；腰胯略右轉，身軀朝東偏南，不宜面向正東，以免影響舒胸、鬆胯、右膝與腳尖上下相對、左掌前擊之力和右

掌伺機待發的前衝力；假想以右手握住對方的手腕，並將其拉至身前，為虛，此時拳眼朝上，右拳置於左肘右下方，不宜貼於肘下，以免造成右肘貼近右肋、右腋夾緊和右肩不鬆之弊病，從而影響右臂的迴旋餘地、動作自如圓活和氣血暢通；左手在右拳的協同下，自左肋左前方經胸前邊內旋邊從右拳上向東穿出，坐腕，掌心朝東偏南，以撲面掌攻擊對方，為實。

2. 分清掌指的虛實

在行拳走架時，左手與右手要分清虛實，就是一隻手也要虛實分清，試以三連環掌為例。

（1）當動作（3）左掌開始外旋以手背擊人時，透過轉腰胯和手臂外旋，內勁自小指逐漸依次貫到無名指、中指、食指和拇指，其氣血運行的脹麻感也自小指梢依次到五指梢。

（2）當動作（4）右掌外旋以正手擊人時，內勁由拇指逐漸依次貫到全掌，其氣血運行感也自拇指梢依次到五指梢。

（3）當動作（5）做撲面掌時，用意貫注內勁，由小指逐漸依次貫至五指，至定勢時指梢氣血旺盛，似有向外放射之感。

3. 虛實兼備

在兩手虛實變化中，還應注意實中有虛，虛中有實，使動作富有彈性、善變易換。同時虛實的比例要適當，不

應出現雙重或雙輕現象。

茲僅以動作（5）為例，此時左手雖然實，但在開始向前推按時，手掌蓄而不張（略呈凹形），為虛掌；隨著邊內旋邊前推逐漸舒指展掌至定勢為實掌時，掌心的凹形減少，此時掌面為實，手背為虛；就掌面而言，掌根微前突、手指貫勁為實，掌心為虛，不使實掌呆板、滯重，成為僵手，這就是實中有虛。反之，握拳之右手雖為虛，但也要有手指團聚和下蓋的意念，內勁不可丟，不使飄浮、軟弱，成為死手，此謂虛中有實。

總之，對整個套路中的每一拳勢，只要方法對頭，悉心揣摩，練習日久，則能分清雙手、單手的虛實和做到虛實兼備，虛實分得越細微，拳藝越有長進，拳味就越醇厚。

三十一、練倒攆猴時如何貫徹「腰爲主宰」這一準則？

在觀看有些拳友（包括筆者）、高手、名家（含教學錄影帶和碟片）演練倒攆猴時，常見有 3 個問題，即前手掌抽回時不外旋，掌心一直朝上；後腿後坐過快，腿已坐實而兩手還在前推和後抽；手動腰不動。對於前面兩個存在的問題，屬於「臂要旋轉」和「上下相隨」範疇，前文已有論述，不再贅言。茲對做倒攆猴時如何做到腰爲主宰，談談自己的一得之見。

太極拳兩手的動作要以腰爲綱，爲軸心，練拳時務必用腰的動作去帶動手的動作，不要只動手不動腰。眾所周知，腰不活，動作就難以鬆柔、自如和平衡，也就缺乏太極拳的韻味和美感；腰不活，拳味就淡，內勁就弱，不利於技擊；腰不活，影響改善造血和內臟功能，降低了健身效果。因此，先輩關於「動手不是太極拳」的論點，我們應牢牢記取。

人們在傳授和習練摟膝拗步、雲手、野馬分鬃等式子時，多能達到這個要求，但在做倒攆猴時，往往會忽視以腰帶手。

做倒攆猴時，在腰胯方面普遍存在以下 5 點不足之

處：

①兩手臂在運動，而腰胯不轉。其原因是肘底捶定式時，身體的方向已轉向東南（假定起勢面正南而立）；同樣，當右倒攆猴定式時（右掌經右耳側向前推出，左掌回抽於左胯旁），身體又轉向了東北。此時再要動手，但已無腰可轉了。

②腰轉胯不轉，即腰帶以上部位轉動，而胯不轉動，形成擰腰，以致腰胯不合，違背拳論中的「外三合」。所以，竊以為「轉腰」一詞改為「轉腰胯」較為確切。

③頭轉腰不轉，只是頭部轉向西南（或西北）而上身面向正東，練拳者自我感覺好像在轉腰胯，實則腰胯沒有轉，頭頸成麻花狀擰轉。這不利於虛領頂勁、動作柔順和健腦強身。

④轉腰胯與動手不協調，最常見的弊端是腰快手慢，以致手腰不同步，影響勁力。

⑤手動腰胯不轉固然不符合拳理，但轉腰胯的幅度又不宜過大，左右倒攆猴時身體不宜轉向北偏東和南偏東，更不可轉向正北和正南（兩臂夾角接近 180 度），以免動作散亂，同時在技擊上給對方以空檔而挨打。

為了符合腰為主宰、手隨腰轉這一拳理，竊以為，左右倒攆猴的腰胯和上肢宜做這樣演練。在敘述倒攆猴練法之前，先對動作的方向（角度）進行細化，以便於論述和今後教學。拳論中的四正及四隅，即正東、正南、正西、正北及東南、東北、西南、西北 8 個方向，現將動作的方向增加 16 偏（圖 11），即東偏南、東南偏東、東南偏

圖 11　動作方位圖

南、南偏東、南偏西、西南偏南、西南偏西、西偏南、西偏北、西北編西、西北偏北、北偏西、北偏東、東北偏北、東北偏東和東偏北等 16 偏，每偏的角度為 15 度。其練法如下：

（1）肘底捶定勢，上身朝東偏南，兩臂呈弧形，左掌坐腕，掌心朝東偏南，右拳置於左肘下略偏右，拳眼朝上。

（2）腰胯右轉約 15 度，身軀朝東南偏東；左掌邊微微前伸邊微下壓邊外旋，掌心朝下偏右，以解脫對方握我左腕；右拳變掌，邊弧形向右下方回抽邊外旋至右胯旁（不是右腰旁），掌心朝上，以右肘擊人。

（3）腰胯繼續右轉約 15 度，身軀朝至東南方向；左掌繼續外旋，掌心朝右偏下，再次解脫握我左腕之手；右掌邊內旋邊向後向下略偏右弧形舉至西南方向，高與肩齊，掌心斜朝上，以右手背（陰掌）撩擊對方下身，兩臂

夾角約 135 度。

（4）腰胯左轉約 60 度，身軀朝東偏北；左掌邊外旋邊向下向後弧形回抽至左胯旁（不是左腰旁），掌心朝上，如果握我左腕之手仍未解脫，則我將對手拉至身前待擊；右掌邊內旋邊向上弧形收至右耳旁，然後繼續邊內旋邊坐腕向前按出，掌心朝東偏北，掌擊對方胸部或臉面，以守為攻，邊退邊打，對方必失其握力。

（5）腰胯繼續左轉約 30 度，上身朝向東北，側身退步避來拳；右掌外旋，掌心斜朝下；左掌邊內旋邊向後向下略偏左弧形舉至西北方向，高與肩齊，掌心斜向上，兩臂夾角約 135 度。

（6）腰胯右轉 60 度，身軀朝東偏南；右掌邊外旋邊向下向後弧形回抽至右胯旁（不是在右腰旁），掌心朝上；左掌邊內旋邊向上弧形收至左耳旁，然後繼續邊內旋邊坐腕向前按出，掌心朝東偏南。

練法（2）、（3）、（4）為左倒攆猴，（5）、（6）為右倒攆猴，如果再做第二個左倒攆猴，則動作同（5）、（6），唯方向相反。

最後，就轉腰再談一個心得。

腰胯的轉動宜均勻而有節奏，而不是絕對平均的轉動，其節奏的快慢應視動作和技擊的要求而定。當倒攆猴退步時（大趾著地至全腳踏平），其腰胯的轉動速度宜略慢（當然不是突慢），轉角較小。但當退步之腳踏平後，由前腳向後撐，其轉動速度可略快（當然不是突快），轉角較大，以增旋腕、引進、前按和後撩之動力。

為了說清楚轉腰胯的節奏這個論點，筆者再舉 4 個例子與拳友們進行討論。

例 1：做左摟膝拗步邁左步前，身體朝向東南偏南，出左腳時腰胯略左轉（約 10 度），其主要目的是為了開左胯，以便邁步輕靈沉穩和確保左弓步的橫向距離。待左腳踏平後，結合蹬後腿，腰胯繼續左轉的節奏略快，轉角較大（約 35 度），以確保左掌橫向的摟動，這時身體朝向東偏南。然後繼續蹬右腿，腰胯繼續左轉的節奏減慢，轉角較小（約 15 度），身體朝向正東，此時的意念主要在右腿後蹬地、右掌前按對手。

例 2：右野馬分鬃的主要用法是我右小臂捌對方腋下，將其掀倒。為此此式弓步的橫向距離比一般弓步要稍大些，以確保發橫勁時四平八穩。而右掌的運動軌跡宜如（圖 12）所示，弧形的曲率先小後大，以符合上述技法。腰胯的轉動節奏應與上述動作、用法相適應，即先稍慢轉，後稍快轉，轉角是先小後大。

例 3：做攦式時，兩手的運動軌跡如（圖 13）所示，其弧形的曲率也是先小後大，腰胯的轉動節奏宜先稍慢，

圖 12

圖 13

後稍快，轉角也是先小後大，以確保技法上的引進和落空。

圖 14

例 4：練斜飛式時，右掌向右上方斜出，右掌走的路線呈 1/4 圓（圖 14），這時腰胯的轉動速度較為均勻，節奏變化較小。

誠然，轉腰胯宜有節奏，但其必須符合著著連貫、勢勢相承，不可有外露、停頓和突然快慢等現象，切莫捨本逐末。

參加第二屆全國楊式太極拳邀請賽後與兩位弟子合影

三十二、斜飛式時如何做到「八面支撐」和「八面轉換靈便」？

「練斜飛式時，左腳應該如何內扣？」為了回答這個問題，筆者請教了一些拳師，研讀了有關的拳書，徵詢了部分拳友見解，並反覆進行對比體悟。現不揣冒昧，斗膽談點一得之愚。

對於斜飛式的左腳內扣這一動作，一般有 4 種練法，茲以技擊和拳理這兩把尺子，對 4 種練法分別進行研討。

1. 第一種練法

上接倒攆猴，右腳提起後收到左腳右側，腳掌點地；重心移至右腿，然後左腳以腳跟為支點內扣；重心再移到左腿，右腳提起向右前方邁出。

這種練法固然可以做到四平八穩、上步輕靈、方向準確，但就技擊要求而言，這種重心轉來轉去的練法，坐失機勢，我之右手還來不及向右上角分展，從右側擊來之手早就打著自己的上部了，為敵所乘。

另外，虛扣左腳，降低了運動量，減弱了包括足跟腱在內的健身效果。

2. 第二種練法

倒攢猴後，左腳尖朝向東北，身軀朝東偏北，不坐腿轉腰胯，右腳徑直朝右後方出步，以腳跟先著地（在步法中，向後撤步或退步一般應以腳尖先著地，不宜以腳跟先著地），然後再內扣左腳。

在分析第二種練法之前，說一下斜飛式上右步的作用：右腳上步插入對方襠下（謂之插步），或者套在對方左腳外側（謂之套步），以封住對方的退路，稱之插逼或套封。

顯然，第二種練法看不見右側的對手，且由於退（撤）步時一般以踝關節領先，我之右腳難以插在對方襠下或套在對方左側，不能起到堵住對手退路的作用。同時，這種練法還會出現動腿不動腰胯、右腿僵硬、邁步虛實不清和支撐不穩等弊病。

3. 第三種練法

倒攢猴結束時，左腳尖朝向東北，坐左腿右轉腰胯，右腳向南偏西邁出一步，先以腳跟著地，兩腳的夾角約為150度，兩腳幾乎呈「一」字型，且要保證兩腳的橫向距離，然後內扣左腳成右弓步。這是一個極難練好的動作，拳友們（包括筆者）在練拳時、在拳書的圖像中、在教學錄影帶和碟片裏，一般會出現以下一種或幾種不良現象：

（1）為了保持平衡，常見身軀前俯或側傾的現象。

（2）因為轉體幅度太大，較難掌握身體平衡，易造成

支撐的左腿不穩，對年老體弱者尤甚。即使是身強力壯或頗具功力者，通過神貫頂、坐腿轉腰、開右胯，邊轉邊邁，兩腳的夾角是可以達到 160 度，但此時一瞬間的重心極易落在左腳跟，重心偏向底盤的邊緣，就算自己勉強不倒，但是這種不穩定的平衡狀態，猶如一個直立的雞蛋，往往經不起對方輕輕一推。

（3）由於開胯太過，不僅使左腿的基礎不穩，右腳落地的方向也不易控制。

（4）常聞右腳落地有聲，常見右腳一落地即成馬步，有的甚至已經弓步到位；同時，邁出之右腳難以像鐘擺那樣自如地收回，以致動作僵硬。

（5）由於邁步出現虛實不清的雙重現象，減弱了「起於腳、發於腿、形於手」的捌勁。

（6）因重心不穩，導致右腿的動作容易出現過快、斷續或停滯現象。

（7）手動腳不動，手合腳不合。

（8）出現因緊張而產生呼吸不順。

（9）右腳朝右後方向撤步，其後果同上述第二種練法。

（10）做右弓步時左腳內扣，會影響「前進之中必有後撐」，從而又減弱了反作用於腳，而腰而臂，節節貫串的捌勁。

4. 第四種練法

在練拳的每一個動作過程中，即使是每一瞬間，既要

楊式太極拳學練釋疑

做到「八面支撐」，又要達到「八面轉換靈便」，如「有不得機處，向腰腿求之」。下面介紹第四種練法。

（1）做最後一個倒攆猴時，左腳後退一步，腳尖先著地，朝向東北，尖、掌、跟全腳踏平，重心隨腰胯左轉逐漸後移，成左坐步，重心約 75% 在左腿；撐右腿，以右腳跟為支點，邊撐邊內扣，腳尖朝東；腰胯左轉，身軀朝東偏北。

（2）當動作（1）右腳掌內扣一著地（倒攆猴定式時，不是虛步，腳掌不宜翹起），左腳掌隨即微微翹起，以左腳跟為支點，實腳內扣約 60 度，內扣時腳尖應與左膝上下相對，並與肩胯右轉同步，同時重心繼續後移，及至重心 100% 在左腿，左胯內收，坐實左腿；右腿逐漸變虛，右腳跟漸漸離地；腰胯右轉，身軀朝東偏南；眼睛右盼對方的右肩邊緣，以決定自己的右腳是插在對方的襠下，還是套在對方的左腳外側。

（3）當左腳掌內扣一著地，右腳掌隨即離地提起，膝要鬆，腳尖自然下垂，右胯鬆開，右腿略外旋，右腳以大趾領先緩緩地、平穩地、輕靈地弧形朝右前方上步，腳跟先著地，腳尖朝南偏西，「斜飛式就是要斜一點」，以便插入對方襠下或套住對方左側，起到封住對方退路的作用；腰胯繼續右轉，身軀朝向東南。

（4）蹬左腿，弓右腿，重心前移，成右弓步；腰胯繼續右轉，身軀朝南。

這種練法可以達到：

動作結合攻防要求，身、眼、步法變化敏捷；

有利於確保身軀自然端正，重心穩定，八面支撐；

隨腰胯實腳轉，利於下盤穩固，增強下肢力量，提高健身效果；

步隨身換（身法有變換，步法應隨之變化），虛實分清，轉動輕靈，邁步順達，方向準確；

上下相隨，開合有序，使腳、腰、手、眼、意做到協調一致。

另外，中庸之道是儒家最重要的思想，體現中國傳統文化的傳統楊式太極拳，更是如此，其核心是每一動作不走極端，而是扣其兩端取其間，採取「無過不及」、「不偏不倚」的原則。不難看出，在 4 種練法中，第四種練法更似乎接近於這一原則。

經過上述粗淺的分析，對於斜飛式左腳內扣這個小動作，竊以為採用第四種練法較為適宜，即左腳內扣與腰胯右轉、兩手相合、眼神右盼同時進行。

三十三、練斜飛式和接做提手上勢時如何理解開與合？

「開合虛實，即為拳經」，「一開一合，拳術盡矣」，「架子不外虛實開合」，前輩們都十分重視開合。但對如何理解開與合，前人存在著不同的觀點，因此，它歷來是一個十分複雜的問題。

今人也以拳經中極為簡練的論點各自展開論述，主要有兩種不同的觀點：一種認為，開是發、是實、是呼，合是蓄、是虛、是吸；另一種觀點則與之相反，即開是蓄、是虛、是吸，合是發、是實、是呼。

現談談我的一點淺見，權作引玉之磚。開與合，宜根據套路中每一招式、每一動作的實際情況而定，很難說開是防守，合是進攻；或者說開必進攻，合必防守。因為在全套傳統楊式太極拳拳架中，有的招式開是發、是實、是呼，而有的招式合是發、是實、是呼。且在同一招式中，有上肢是開、下肢是合的情況。

就下肢而言，又有右胯合、左胯開的現象。同樣，呼吸與動作雖有一定的聯繫，但未必開是呼、合是吸，或者開是吸、合是呼，對此準備日後進行探討。

至於虛與實，招招有虛實，處處有虛實，且時時在變

化，所以，更難說清哪個招式是實，哪個招式是虛。

下面結合斜飛式和提手上勢試論開與合。

1. 倒攆猴結束後，收沉左胯，坐實左腿，提起右腿；身體右轉，朝向正東或東偏南；兩掌上下相合，呈抱球狀。

2. 身體繼續右轉，朝向東南；鬆開右胯，右腳隨之向南偏西邁出；兩手合之再合，左、右手隨勢（上動兩手上下相合時的慣性）繼續略向右、向左移動，至兩小臂上下相合，似擠狀。

3. 身體繼續右轉，朝向正南；左蹬右弓，成右弓步，右胯內收；兩手分開，右掌隨轉體向右上方弧形分展挒出，將對方向左跌倒，掌心斜朝上，高與額齊；左掌向左下方弧形下採，以助發挒勁，置於左胯左前方，掌心朝下略偏右。

4. 隨上動腰胯右轉的慣性，身體微微右轉，朝向南偏西；略收沉右胯，右胯合之再合，重心前移至右腿，坐實右腿，左腳微離地；兩手開之再開，右掌隨腰胯微微右轉略向右分開，以便將似倒非倒的對方挒倒，同時為下動相合作準備；左掌與右掌相呼應（一開皆開），隨勢略微向左展開，以利兩手相合。

5. 身體左轉，朝向正南；左腳落地，重心逐漸後移；鬆肩、墜肘、坐腕、兩手向下向後邊沉、邊撤，猶如飛鳥的雙翅收落，左掌於左胯左側，右掌於右胯右前上方，以便下動做合、提、送，「兩手先下後上，這才叫提手上勢」。

6.身體繼續左轉，朝向東南；坐實左腿，提落右腳，成右虛步；兩手向裏、向上、向前三個方向邊合、邊提、邊送，同時合於胸前，右掌在前，坐腕成立掌，掌心朝左略偏前，高與鼻尖齊；左掌在後，高與胸齊，掌心朝右略偏下，正對右肘，兩掌呈攦狀，有抱合之意，與對方的肘、腕相接，搓折其小臂，或提、或掤、或擠、或攦，變著靈活。

那麼，到底應怎樣來解釋「開」與「合」這兩個字？筆者十分贊同周稔豐老師精闢的見解：

「其實，開與合本質上也是一弛一張。但習慣上，開是由內向外，合是由外向內，也就是放大為開，收小為合。應當承認，對這個極簡單的開合概念，過去把它弄得太繁雜，尤其是將開合與呼吸結合起來說，更加混亂。」

三十四、扇通背時如何理解 「瓦爿掌」和「坐腕」？

1. 關於掌型

在楊式太極拳整個套路的手型中，勾最少，拳次之，而以掌為主。掌型看似簡單，但易被人們所忽視，其實它在拳架中的作用甚為重要。前輩把楊式太極拳的拳型形象地稱為「瓦爿掌」、「荷葉掌」，其要求如下。

（1）五指自然舒展，微屈不直。手指太直則僵硬，太屈則鬆懈，均影響氣貫指梢。

（2）五指在一個平面上，不要呈蘭花指，因為只要有一指外翹就僵硬，只要有一指內扣就鬆懈，勁力隨之分散。

（3）五指方向基本一致，虎口撐圓，拇指向裏微屈，自然伸展，不可外翹與食指成八字型，以免僵硬、氣斷，拇指外翹又易被對方握住而受制於人。

（4）四指（食指、中指、無名指和小指）自然併攏，四指間可稍分開，不應四指併緊，也不可分得太開呈雞爪狀。

（5）指關節放鬆。

（6）掌心微凹，不論是虛掌還是實掌，都要呈瓦爿狀、荷葉狀。

（7）套路熟練後，應分清虛掌與實掌。

在練拳時，如何確保自己規範的掌型？

筆者在此談一點體會，讀者不妨一試。當運掌時，意想拇指與小指相吸，手掌猶如一面「照妖鏡」，手指上的五個斗箕向前發光，並意想所發出的五束光線向前延伸，及至聚集到一點。

如作此意念，不僅有利於周身團聚、增強合力和發柔慢而節節貫串之長勁；同時，可避免（糾正）拇指外翹、蘭花指和手指僵硬及鬆懈等常見的不規範掌型。

2. 關於坐腕

先師在注重掌型的同時，還十分強調坐腕，在其教拳時使用最多的一個詞，就是「坐腕」，並常說「坐不坐腕，味道大不一樣」。

坐腕，即掌根微微下沉著力，腕關節柔而不軟，但又不可坐過頭而影響氣血暢通。猶如將橡皮管略彎曲，則管中的水流就加速，但把管子彎得太多，那水就不通了。那麼，如何檢驗坐腕是否恰到好處？

竊以為，以近掌根的腕筋有膨脹感為度。就醫療保健而言，坐腕（結合旋腕）能加速手指的氣血流通，日久則氣血旺盛，指肚紅潤飽滿；就拳架品質而言，坐腕能使拳架剛柔相濟，起到增加功力的作用；就技擊用法而言，坐腕能提高技擊的攻擊力，並且便於解脫對方的擒拿。

　　海底針接做扇通背時，右手掌邊內旋邊從體前上提，至與肩同高，掌心朝下（不可朝右，以免亮肘），為虛掌，肘應略低於腕，在上提的過程中宜以右腕（拇指側）領勁，不應以肘帶動手掌上提；然後右手掌繼續邊內旋邊弧形上托對方擊來之手，上托至右額側前上方，要求「肘不過肩，腕不過髮」，手指斜朝上成斜切掌（如果手指朝左，必抬肘無疑；如果手指朝上，必無掤勁），掌根微撐，勁點在右掌掌緣。

　　左手掌由左胯旁邊外旋邊向體前上提至左胸前，掌心朝南，坐腕，屈臂肘朝下；然後，左掌邊內旋邊向東前按，掌心朝前偏右（不可平掌朝前或側掌朝右，以免影響按勁），坐腕，勁點在左掌小魚肌。

　　當左掌邊內旋邊前按時，掌心的窩形（曲率）逐漸減小，手指逐漸伸展，指關節節節動，由虛而實，至定式時曲率最小，窩形接近消失（但仍有凹形），手指微伸，氣血貫注指梢，謂之實掌。接做下式（撇身捶）時，掌心的窩形漸漸增加，手指的曲率也隨之增加，左掌由舒展回復到虛掌狀態。

　　功夫較深時，當左掌內旋前按，其氣血運行感將由小指依次貫至無名指、中指、食指和拇指。對此要求，既要悉心體會，又不要刻意追求，正如前輩所云：「只要方法對，功到自然成。」

三十五、練撇身捶和進步搬攔捶時如何理解「著人成拳」？

1.著人成拳的練法

（1）扇通臂定式時，成左弓步，身軀朝向東南，左掌前推，右掌上托於右額側前上方。

（2）接上式扇通背，微收左胯根，腰胯右轉，身軀轉身正南；左腳尖隨之儘量裏扣（裏扣角度宜大於 90 度，否則向西方邁右腿時，開襠過大，會造成左腿支撐不穩，右腳落地的方向又不易控制，以致動作彆扭），左腿逐漸坐實，右腳變虛；左掌弧形上舉至左額前上方，掌心向外，掌根微撐，小指在上；隨著轉身，右肘下沉，右掌自右額旁邊外旋邊弧形下蓋，豎落橫臂於腹前，不宜練成向右下掄一個圓圈。因為這種兜圈子的練法，勢必在胸前出現空檔，「中看不中用」。

在下蓋時，右掌以中指尖帶領四指緩緩捲屈，以指尖貼著掌心為度，然後拇指指肚依次壓於食指中段、貼於中指中段上，握掌成蓋拳，拳心朝下偏裏，略坐腕（但不可坐過頭呈塌腕狀，以免腕部僵滯），勁點在拳緣（近尺骨端部），蓋住擊我心窩之來拳，此時意想略壓在拳心中的

小氣球，為實拳（下同）。

（3）腰胯繼續右轉，身軀朝向南偏西；坐實左腿，右腳提起；左掌邊外旋邊弧形下落至左胸前，掌心斜朝右；同時，右拳向上略向前撇，高與鼻齊，拳心隨小臂外旋斜朝東偏南，拇指指肚緩緩離開中指中段，貼住食指中段，此時意想鬆握掌心中的小汽球，為虛掌（下同）。

（4）腰胯繼續右轉，身軀朝向西南；右腳向前落下，腳尖朝西；左掌邊內旋邊弧形下壓至左肋旁，掌心朝下偏右，略坐腕，以助右撇拳；右拳拇指指肚漸漸貼於中指中段、壓於食指中段，為實拳，隨小臂繼續外旋向前下方弧形自右肩前繼續環轉撇出（以肩關節為圓心，以手臂為半徑，「像攢大榔頭那樣撇出」），高與肩平，拳心朝上，勁點在拳背，以仰拳與對手之手相交，或擊人肩部、頭部。

（5）收沉右胯，腰胯繼續右轉，身軀朝向正西；蹬左腿，弓右腿，成右弓步；左掌邊內旋邊弧形經左胸前向前推出，掌心朝右前方，坐腕，勁點在掌緣，擊對方胸部或臉部；同時，右拳邊內旋邊弧形向後向下抽沉，收於右腰右前方，大小臂的夾角約 100 度，拳心朝上偏左，成藏拳，伺機而出，為虛拳，以助左掌前擊，或以右肘擊人。

（6）接上式撇身捶，腰胯微左轉，身軀轉向西略偏南；重心漸漸後移，至兩腳中間（一瞬間）；左肘隨之下沉，小臂外旋使掌心斜朝上，對準右肘尖，起護肘作用，並為左攦做準備；右小臂內旋，右拳邊內旋向左前方經左掌上方沖出，斜沖拳時切莫抬肘！拳背與小臂應齊平，拳

心斜朝下，勁點在拳面，斜擊對方胸部或頭部，為實拳。

（7）腰胯繼續左轉，身軀朝向西南；重心繼續後移，成左坐步；右拳略坐腕，與左掌隨轉體左擺，右拳為虛。

（8）下接搬攔捶的動作過程，前面已有論述，現僅簡述右拳的虛和實。當右拳（拳心朝下）自左肋向右向前略向上搬至胸前，拳眼朝上，勁點在拳背，此時為實拳，搬開對方來拳，或擊打對手。做攔式時，右拳繼續外旋，收至右腰側前方，拳心朝上，為虛拳，以增左掌前攔之勁，或以右肘擊身後之敵。做捶式時，右拳邊內旋邊向前略向左平沖，置於心口前方，拳背與小臂齊平，勁點在拳面，平沖對方心窩，為實拳。

2.對「著人成拳」的四點淺見

（1）掌有虛掌、實掌之分，同樣，拳也有虛拳、實拳之別。在握拳時，四指端與手心輕輕相貼為度，但不可分離成空心拳，拇指指肚貼在食指中段上（不可伸直蓋在拳眼上，呈無團聚感、半握拳狀態的「老太婆拳頭」），此時在意念上鬆握拳中小氣球，為虛拳。

當拇指指肚壓於食指中段和貼於中指中段時，在意念上略壓拳中的小氣球，但不可用力緊握，以免導致手臂甚至全身緊張，影響動作輕靈和違反用意不用拙力的原則，此時勁貫著力點為實拳。

（2）虛拳與實拳互相轉換時應緩慢，同理，由掌變拳和由拳變掌時，也應緩慢地轉換。另外，由掌變實拳時，須經虛拳再成實拳，意想將小氣球吸入內勞宮穴（握拳時

位於中指尖下），然後緩緩地、輕輕地將其握住；當由實拳變掌時，也須經虛拳這一過程，意想將小氣球從拳心中緩緩鬆放出。

（3）至於拳背與小臂的關係，竊以為宜根據不同的拳法分別對待。練沖拳時，拳面指向被擊目標，拳背必須與小臂齊平，不可有內拗或外突，以免擊人不得力和自己腕部扭傷。練蓋拳時，宜略坐腕，拳背與小臂外側的夾角略小於 180 度，以增沉勁，但不可互彎成塌腕狀，以致形成腕部緊張和影響氣血運行等弊病。練搬拳和撇拳時，腕背宜飽滿，拳背與小臂外側的夾角略大於 180 度，以使動作輕柔、有力，但不可呈鼓腕狀，以致產生勁力難達拳背和氣血難以暢通之虞。

（4）著人成拳，也宜根據拳勢的具體情況作以下兩種理解——在練翻身撇身捶的蓋拳、栽捶和指襠捶的沖拳、雙風貫耳的貫拳時，當打著對方時才握成實拳，隨即呈虛拳狀態；第二種情況是在連續運拳時（如撇身捶的下蓋拳、撇拳和收拳，搬攔捶的斜沖拳、搬拳、藏拳和平沖拳），在運行的過程中為虛拳，當打著對方的胸、臂或頭等部位（至定式）時，才握成實拳，隨即又成虛拳。

三十六、在做雲手、按和海底針三式時如何理解「立身中正」？

練習、傳授和鑽研太極拳者，都很重視身法，而「立身中正」可謂身法的主要技術條件。古往今來，關於「立身中正」的論述也比較多，茲簡述三點學習體會，供初學者參考；另外，對眾說紛紜的身軀前傾問題，談談自己的一得之見。

1.關於「立身中正」的三點認識

（1）「立身中正」，我理解為，行拳時身體站立應端正平穩。

身軀（人體除去頭部、四肢所餘下的部分）應端正。不可前後彎曲，呈彎腰駝背和挺胸突肚狀；不可後仰，以失平衡；不可左右歪斜，以免搖晃；也不可扭曲呈麻花狀，影響肩胯相合。

行拳時要做到姿勢安穩，應符合以下 5 個技術條件：

①呼吸自然舒暢，氣沉丹田。

②凝神靜氣，穩身先穩心。

③鬆腰沉胯，兩腳有力，穩如泰山。

④鬆肩垂肘，下盤穩固。

143

⑤重心平穩轉移，不可出現顛簸性轉移，也不能出現間斷性中止，並努力捕捉重心集中點在腳底不同位置時的不同感覺。

（2）大椎骨（第七節頸椎）略有上提之意，尾椎骨自然下沉，即在意念上略為拉長呈「S」形（頸椎向前、胸椎向後、腰椎向前彎曲）的脊柱，以減小其彎曲度；同時，命門穴（位於臍正後方的第二腰椎棘突下）有飽滿之感（人稱命門微後撐），以減少腰椎的前屈度並與百會穴（後髮際正中直上七寸）、會陰穴（陰部與肛門中間）成一直線，利於氣血暢通。注意，這條要求是意念上的，而非外形上的，否則練拳時易進入上身僵硬、弓背和兩腿雙重的誤區。

（3）在討論「立身中正」時，不可回避拳譜中盡人皆知的「尾閭中正」。對這4個字，我的淺見是：尾椎骨自然下垂，與鼻尖方向始終保持一致，不宜向前或向後偏，因為一偏，則造成運氣受阻和在身形上易出現挺胯或突臀之虞。

2. 行拳走架時身軀是否可以前傾？

對於這個問題，目前有兩種不同的觀點，且均有一定的道理，正是仁者見仁，智者見智。

身軀是否可以前傾？筆者帶著這個問題，學習了古今有關的「立身中正」、「中正不偏」、「中正之偏」、「偏中有正」（「斜中寓正」）等的論述，請教了朱廉方、張哲清、傅清泉等明師，並結合自己的身體力行，談

點淺見。

是否允許前傾？竊以為對具體情況應作具體分析，即對不同的拳式應有不同的要求。茲對整套 85 式分成 3 類，第一類諸如起勢、左掤、白鶴亮翅、雲手、分腳……收勢等大多數拳式，要求身軀垂直於地平面，不準前傾；第二類是兩手同時朝前的如右掤、擠、按等式，一手朝前、一手朝左（或右）以及拗步的式子，如摟膝拗步、斜飛式、野馬分鬃、搬攔捶等式，身軀宜略前傾；第三類是手掌（拳）朝下的如海底針、栽捶、指襠捶等式，身軀應前傾。下面結合左雲手、按和海底針 3 式的練法進行探討。

（1）在做左雲手時，身軀猶如一根立軸，來回轉動約 90 度，應始終垂直於地面，不可前傾。

當坐實右腿（重心全部移至右腳）、身軀朝向西南、左腳提起向左橫跨半步時，身軀不可前傾、突臀和右斜。當左腳跟著地、右腳跟同時離地、身軀轉身正南時，左肩切莫聳起，也不要挺胸或後仰。

當坐實左腿、右腳提起向左橫收半步、身軀轉向東南時，在身法上又容易出現這樣兩個弊病：一個是左肩低於右肩，身軀向左傾斜，身體易出現搖晃，立身不穩和僵勁隨之產生；二是身軀扭曲，即雙肩已轉向東南，而雙胯仍朝向正南（或南偏東），因此，身軀在向東南轉動時，要做到收沉左胯，逐漸使下腹左側與左大腿內側貼近，這樣才能保證肩胯相合，從而避免身軀扭曲之弊。

（2）在做按式時，有兩掌向前平推，也有向前上方推；有兩掌邊合邊推，也有平行前推；有兩掌邊內旋邊前

推，也有兩掌成一平面向前推；有不轉腰胯前推，也有邊轉腰胯（轉動角度大至 50～60 度，小至約 20 度）邊前推；有邊弓腿邊推，也有弓後再推，等等。對於上述按式不同的練法且不予討論，僅淺析其定式時在身法上出現的 3 種狀態，即身軀略前傾、前傾過多和垂直。

①按式定式時的架子，必須以楊式太極拳定型者楊澄甫祖師 47 歲時拳照（見《太極拳體用全書》）為準，身軀自然前傾約 20 度（側視背部與垂線之間的夾角），其鼻尖、膝尖與右腳尖三點成一直線，與垂線的傾斜夾角約 10 度，如果把這條直線與背、左腿、左腳尖連成的直線，再加上地平線，就組成一個近似的等腰三角形（其二底角分別為 70 度和 80 度左右），符合三角形穩定的原理。這種標準拳架，既保證了自身重心的穩定，又符合拳論「按手用著似傾倒」，「雙手按出，急步向對方的襠中沖進，同時用身子傾撲的式子來加倍摧力」，確保了勁力。

②如前文所述，為使重心穩定、立身平衡，右膝尖不應超過右腳尖。同理，如果身軀前傾過多，鼻尖超過膝尖，則拳勢不穩，失去平衡，易被人牽制。

③如果身軀垂直於地面，那麼，從力學角度分析，自腳而腿而腰及背至手的力將大為分散，以致勁力不足。身軀垂直，易出現右膝蓋前弓不足（側視其右膝蓋落後於右腳跟），從而兩腿形成雙重。身軀垂直，又易出現手掌落於右腳尖之後的架式，不利於雙手向前齊推對方胸部或肘腕。

總之，按式定式時，身軀的後背（脊柱）宜略前傾 20

度左右，拳論謂之「中正之偏」，但切不可前傾過度，使鼻尖超過右膝尖，也不宜身軀垂直於地面。

（3）海底針的身軀應前傾。在作左摟膝拗步時，如果右腕被人握住，則右手隨腰胯右轉、臂外旋收回，以求解脫；假使對手仍未放手，則右手略上提（不宜提至耳旁，甚至超過頭頂，這種練法形似瀟灑，實際上豈能單手拎起對方，何況自己的重心往上往後，大門又敞開，很容易被人乘虛推倒）做半個小立圓，隨即往前下方劈掌做下半個小立圓，「好像火車輪子的轉動，咔嚓一聲做一個小立圓」；然後折腰和腰胯左轉往前下方插掌，以掙脫其手。此時，對方的重心隨之不穩，其根被拔起，我便可乘機攻擊。因此，按照上述用法，折腰、身軀前傾是海底針的特點，由前輩的拳照表明，身軀前傾達 45～60 度。海底針定式時身軀前傾較多，但仍要求背部與頸後部保持一直線，不可出現低頭、抬頭、駝背和突臀等現象，這就是拳論中所謂的「偏中有正」。

三十七、練搬式和雲手時如何做到「其根在腳，發於腿，主宰於腰，形於指」？

拳論中的「其根在腳，發於腿，主宰於腰，形於指」是科學的，是練出勁力的必由之路。拳友們一般都能正確理解——練拳時，勁力的根源在腳上，即腳蹬地面，地面產生反作用力於腳、腿、腰、手而產生勁力。至於在走架行拳時怎樣達到這條要則，練法不一，茲結合按、擺、搬和雲手等4式，略抒己見，供拳友們參考。

1. 在做按式的正向弓步時，拳友們多能做到上述要求（蹬左腳、弓右腿，腳踏實地，勁貫指梢），且有關的論文也不少，故毋庸贅述。

2. 然而，在做擺式後坐時，做到「其根在腳，發於腿」要求的拳友，相對要少一些，常見後坐時出現右腳尖翹起、右膝左彆、右腿彎曲和後坐不到位等不良現象，勢必影響擺勁。因此，在做擺式時，須撐右腿，著力點在右腳掌，猶如拔河，前腳向下踩，後腳產生磨轉勁，只有下盤穩固，才能使對方失去平衡，將其自左側摔出。又如「篙師行船」，船夫站在船頭撐篙，篙的反力作用於船夫，又由船夫作用於船，而後作用於水，使船後退。

3.在做搬（攔捶）式時，習拳者往往容易忽視「其根在腳」這條要領，屢見上右步時，右腳跟落在身前，甚至落在左腳前，右拳向右搬，左腳跟隨之掀起，當搬至定式時，右弓步竟成了掀底拔根、左腿彎曲、兩腿交叉的高架右歇步，如此練法，何來搬勁!?

兩腳無適當的橫向距離，而呈交叉或直線狀，導致自身不穩，左腿有力也難使。

那麼，做搬式時右腳應邁向何方為宜？按技擊要求，搬式出右腳的目的是套在對方左腳外側稱為套步，或插在對方襠下謂之插步，套步或插步都是為了封堵對方的退路，稱為套封或插封。再者，該式的右拳是平的搬，是橫勁，兩腳間的橫向距離應比一般的弓步要寬。因此，練搬式時宜作斜行步，即右腳的落點在身軀的右偏前（南偏東），斜邁時小腿外旋，右腳跟先輕輕著地，腳尖朝向東南踏平（因為搬攔捶是連續上步，右腳必須外撇45度）；然後邊蹬左腿邊碾左腳（以腳掌為支點，腳跟外展），腳尖朝東偏北；再經由轉腰、鬆肩、旋臂，則搬勁自生。另外，蹬左腿、收右胯、右腿易產生植地生根的螺旋勁，使拳架穩定自如。當定式成右弓步時，身軀朝向東南，兩腳間須有足夠的橫向距離（站在東南方向檢查），從而起到發橫勁和套（插）封的作用。

4.兩腳在作前弓和後坐時，要做到「其根在腳，發於腿」，在練雲手作側行步時也應注意這條要義。

左雲手時，坐實右腿（重心全部移至右腿），提起左腳（腳跟先離地）向左橫跨半步（腳尖先著地），然後側

撐右腿，由腰胯左轉（收沉左胯），將作用力傳至左腳，使左腳掌與地面沿逆時針方向磨轉，產生向下的螺旋勁，向上由轉腰、鬆肩、旋臂產生右抄和左掤勁，以化開擊我腹部的來拳和掤開卡我頭頸之手臂。當左腳跟一著地，右腳跟即須離地（切莫提前離地，以免影響勁力）。身軀自西南轉向正南。重心漸漸移至左腿，腰胯繼續左轉（身軀轉向東南），帶動右腳提起。右雲手時，右腳向左收半步（腳尖先著地），然後側撐左腿，收沉右胯，使右腳掌像螺絲釘沿順時針方向下踩，上肢隨之產生左抄和右掤勁，至右腳全腳踏平，左腳跟即離地，然後重心漸漸移至右腿，腰胯繼續右轉（至西南），帶動左腳提起，並帶動上肢繼續左抄及右掤，右按（砍）。

「其根在腳」是太極拳的根本。如果練拳只練掌（拳）不使腳，身軀就成了無根之本，太極拳也就成了無味的太極操。因此，我們在練每一招式時，切莫忽視這條淺顯而又十分重要的拳理。

三十八、練雲手時如何理解「從勁入手」和「掤勁不丟」？

1. 太極勁概述

拳論云：「由著熟而漸悟懂勁，由懂勁而階及神明。」這就是說，每個招式練熟了，應懂得勁法的運用規律，神妙高明的太極巔峰，對於吾輩，雖然是可望而不可及的，但從勁入手，可使我們在這條先輩指引的必由之路上，一步一個臺階地不停向上登攀。

這裏所說的勁，不是借助收縮肌肉的外勁，而是在放鬆狀態下，以意念指揮肢體做螺旋、弧形、緩慢和虛實交替運動產生富有彈性和韌性的內勁，也稱為太極勁。行拳日久，手臂自然地會有一種渾厚沉甸甸地感覺，它使拳架柔和圓活，輕靈又不飄浮、沉穩又不僵滯。

「這種勁好像秋天的成片蘆葦在湖中被大風吹得俯而復起，堅韌不折，柔而有彈性。又如海洋中的滾滾波濤，水質雖軟而含有非常雄厚的力量。」

內勁是無止境的，「只要方法對頭，內勁越練越長」。

2. 練雲手時的 5 種勁法

太極拳的勁法有幾十種之多，其中以掤、攦、擠、按、採、挒、肘、靠八法為主。下面試述練雲手時的幾種勁法。

單鞭右吊手接做雲手，由 5 種勁法組成——採、抄（下抄、上抄）、掤、挒和按（圖 15）。茲分述如下：

圖 15　雲手時右手的勁路示意圖

（1）右吊手（圖 15 中 A 處）變掌，掌心朝南偏下，虎口朝上，坐腕，自右而下畫弧，高與右肋齊。以右手拿人腕或肘關節，往下沉採，此為採法。

（2）右掌邊外旋邊向左下畫弧至下腹前，掌心朝裏，手指斜朝下，意想右腕（小指側）黏住擊我腹部的拳或腳，謂之下抄。

（3）右掌繼續外旋，向左上方抄至上腹前，掌心斜朝上，與左肘相對（此時手掌不宜離身太遠，一則影響上抄

勁，二則影響隨後的右掤勁），以右腕（拇指側）抄起對方踢來之腳。

（4）右掌邊內旋邊向上向前向右弧形掤出，黏住對方擊我之手，手指應斜向上（手指不宜朝左，以免抬肘聳肩；手指也不宜朝上，以免丟掉掤勁），手指高與鼻、嘴齊（不宜與眉齊，以免擋住自己的視線），掌心朝裏。

掤為太極八法之首，是一種柔韌而富有彈性，可化可發的黏勁。向外可抵禦對方之來掌（拳），使之不得與我身貼近，掤勁既有禦敵之效，又有誘敵之功能；如果對方退卻時，我則可以掤發，轉守為攻。

掤勁貫穿於很多拳式之中，例如：起勢時兩臂為上掤，起勢接攬雀尾時右臂為右斜掤，左掤時為單手掤，右掤時為雙手掤，攦式時左臂為左側掤……十字手接收勢時兩臂為前掤。另外，在其他不少勁法中，要求兩臂有圓撐的掤勁，只不過方向、位置和程度有別。因此，拳論中又有「掤勁不丟」之說。掤勁不丟，有利於動作輕靈沉重，內勁漸增。

（5）右掌繼續微內旋，向右向上弧形運轉，掌心朝裏，高於頜齊，與左掌上下相對，以右腕（拇指側）挒開卡我喉嚨之手，或挒擊對方肩窩處。

（6）右掌繼續內旋，向右向下弧形運轉，掌心斜朝外（西南），坐腕舒指，高與肩齊，以掌根斜按（砍）對方肩背。

（7）右掌繼續內旋，向下向右弧形運轉做下採，周而復始，下接第二個雲手。

上述動作（1）～（7）為右手作順時針方向運動，而左手作逆時針方向運動，一上一下，一左一右，連續不斷。

3. 練出內勁的 6 個技術條件

（1）要練出內勁，必須拳架規範，正如前輩楊振基老師所說：「每一招式運行的路線和定式位置必須準確」，「位置對了，才能出勁」。至於拳論中「重意不重形」的論述，是強調練太極拳時意念的重要性，決不是可以隨心所欲地瞎打，願與拳友共戒之，特別是對初學的拳友，切莫片面地理解「重意不重形」，從而步入誤區！因此，「只有把規範的拳架與完整的內勁統一起來，才算把拳練到自己身上，才會感到練拳是一種難以言傳的享受，越練越想練。」也才會給人以美的享受，越看越想看。

（2）練拳時只有應用腰腿勁，才能使內勁節節貫注於指梢或勁點。當動作在（3）、（4）間，身軀轉向東南，左胯內收，使下腹左側與左大腿內側貼近；當動作（5）時，身軀轉向正南，成馬步（一瞬間），兩胯鬆沉；當動作在（6）、（7）間，身軀轉向西南，右胯內收，使下腹右側與大腿內側貼近。這種練法不僅有助於提高勁法功效，而且能使身體沉下，重心穩定，下肢生根，穩如泰山。反之，在雲手時，切莫手動身不動、肩轉胯不轉或轉頭不轉身！

（3）在運勁和勁法轉換時，手掌既要不停地畫圓圈走弧形，又要不停地內旋和外旋，如同地球的運轉是既有公

轉又有自轉，以此增加內勁和利於攻防。

（4）掌型應正確，如果五指不自然朝一個方向（拇指外翹或蘭花指），內勁勢必散亂。

（5）應遵循「用意不用拙力」的原則，太極拳的勁法用意念指揮，才能提高對內勁的靈敏度，才有可能做到意到、氣到、勁到；同時，太極勁是由鬆柔中來，因此應逐月逐年的漸漸減少拙力，「爭取今年放鬆一分，明年放鬆二分」。

（6）眾所周知，練拳的速度越慢，運動量越大，健身的鍛鍊效果越好；動作越慢，意念活動的作用越大，越能細微地品出勁來；動作緩慢均勻，是達到「運勁如抽絲」的先決條件。

獲 2000 年《太極》+佳論文獎

三十九、左右分腳時如何打出「四個隅角」?

練右分腳時,「四個斜角要打出來」,即要打出東北、東南、東北和東南偏東 4 個方向。然而一般能打出後面三個斜角,第一個斜角(東北)往往不打出來。同樣,練左分腳時,也要練出四個斜角(東南、東北、東南和東北偏東),但第一個斜角(東南)也容易「滑過去,打不到家」。茲結合四個斜角探討右分腳的練法。

1. 高探馬定式

高位虛步,右腿微屈;身軀朝東;右掌前探,手指斜朝東北,掌心朝下,高宜與喉齊;左掌收於左腹前,手指朝東偏南,掌心朝上偏裏。

2. 第一個斜角——東北

收沉右胯,腰胯左轉,身軀朝向東北(常見腰胯右轉,身軀朝向東南,這樣接作下動第二個斜角時,勢必造成手動、腳動而腰胯不動之弊);漸漸下蹲,坐實右腿;左腳提起,鬆開左胯,左腳向東北方向邁步;右掌邊外旋邊向右順時針弧形抹轉至右胸前,掌心斜朝左;左掌邊內

旋邊向左前弧形掤至左腹左前方，掌心朝裏。

3. 第二個斜角——東南

腰胯右轉，身軀朝向東南，當即將至定式（右掌探到，左腿弓到）時，腰胯宜微微左轉（身軀朝向東南偏東），有助於兩掌對拉，以增右掌擊人之探勁，同時有利於下盤穩固，不易被對方拉過去；蹬右腿，弓左腿，成左弓步；左掌邊外旋向前向右順時針畫弧，置於右胸前，掌心斜朝上，與右肘相對；右掌邊內旋邊向左向前，經左小臂上側抹圓，向東南方向探出，掌心斜朝前，坐腕，腕與肩平，兩掌呈攦狀。

4. 第三個斜角——東北

腰胯左轉，身軀朝向東北；重心漸漸移至左腿，屈膝坐穩；右腳提起，腳尖自然下垂；兩掌向左攦至東偏北後，右掌繼續邊外旋邊抄到左掌外側，左掌邊外旋邊向右合（注意不要患左掌停止等候右掌的常見病），兩手腕交叉成十字型，與左膝上下相對，兩掌心朝裏，左掌在裏，右掌在外，腕與胸平。

5. 第四個斜角——東南偏東

腰胯右轉，身軀朝東；左腿漸漸起立，左膝微屈；提右膝，然後右腳向東南偏東緩緩地向上踢出，腳面自然繃平，高與胯平；兩掌邊略前掤邊內旋邊向左右分開，分開時先微弧形向上，高不過眼，弧形的最高點宜在兩掌與肩

同寬時，呈投降姿勢，此時右肘宜與右膝上下相對，然後向左右弧形下落，腕與肩平，左臂朝北偏西，右臂朝東南偏東，兩臂夾角約 135 度，雙肘微屈，坐腕立掌，掌心朝外。

接下來做左分腳的動作與右分腳相同，唯左右方向相反。這裏再重複一句，在練左分腳時，第一個隅角（東南）也務必要合度！

參加第一屆杭州國際太極拳邀請賽後與弟子合影

四十、轉身左蹬腳時如何使「下盤穩固」?

在演練傳統楊式太極拳整個套路中,最容易出差錯的是在轉身左蹬腳時,出現單腿支撐搖擺不穩的現象,下面歸納成 18 條技術要求,或許有助於提高初學者的穩定性。

1. 以右腳跟為軸,身軀迅速向左轉時,兩掌邊隨身體左轉邊外旋邊交叉於胸前。同時,左腳應邊轉邊落,與掌邊轉邊合上下相隨,利於身體穩定。如果左腳屈膝收回後再轉,那麼,「背部早就被來拳擊中」;如果直腿擺動左轉,身軀易向左傾跌。

2. 右腳單腿旋轉的動力,主要來自腰胯,四肢輔之,而不是相反,以免身體搖擺不定。

3. 左轉時,如果旋轉力過大,則右腳掌應及時著地,起制動作用,免得轉過頭和搖晃。

4. 身體左轉的同時,獨立支撐的右腿應隨之略屈膝下沉(但切莫身體左轉到位後再下沉),不僅使重心降低,而且具有彈簧似的緩衝作用。這一點尤為重要。

5. 左轉後,左腿屈膝懸提時,左膝宜略裏合,左腳尖自然下垂,以減少重心左移,從而避免站不穩,甚至左腳落地。

6. 單腿旋轉後，右腳尖宜朝向西北，如果腳尖朝北，而左腳朝西蹬，兩腳的夾角為 90 度，橫向支撐面積減小，則易產生左右搖擺。

7. 慢慢提左膝，高於胯，然後緩緩蹬左腳，不應直腿蹬出，蹬腳的速度也不能快，以免牽動身體而不穩。

8. 蹬腳時，蹬腳之左胯應鬆開。

9. 蹬左腳時，右腿不應僵直，以免妨礙調節身體重心的穩定性。

10. 兩手分開的弧度、高度、長度應相等，猶如天平兩邊的重量相等，才能保持指標中心不偏。

11. 兩手應呈拋物線弧形左右分開，有助身體穩定；如果兩手朝左右水平方向分開，身體容易產生晃動。

12. 兩手分開後應坐腕，有利於下盤穩固。

13. 手與腳的方向、速度要協調一致，當左膝提到最高處時，左肘與左膝上下相對，此時兩小臂上舉成投降姿勢，然後小臂與左小腿同時同向出手出腳，同時到位。

14. 身體保持中心不偏，如果以傾斜身軀來求平衡，則不易站穩。

15. 精神與肢體應放鬆，才能做到上體虛靈，下盤穩固。

16. 轉身和蹬腳時，百會穴應領起，猶如拎著筷子的上端豎在桌子上，則易垂直穩定，如果拿在下端，則筷子易向左右前後搖擺。

17. 蹬腳時，應虛領頂勁與勁力入地相結合，有頂天立地之感。

18.要用意不用拙力，如果用力猛，必僵硬，立不穩。

19.呼吸自然，切莫屏氣，蹬腳到位時宜呼氣。

偕弟子向杭州朱廉方老師（夫婦）請教拳藝後合影

四十一、練栽捶時如何理解 「鬆與緊」？

1. 放鬆的作用

（1）提高健體強身的效果，因為在放鬆的狀態下，人體的呼吸深長、心率減慢、能耗減少、氣血暢通、神經安泰、血壓降低、唾液增加、改善腸胃蠕動機能，從而起到有病治病、無病強身的作用。

（2）放鬆可增加皮膚敏感程度，有助於日益增強內勁，且能迅速調動內勁集中於一點，提高了技擊效果。

（3）放鬆能充分體現楊式太極拳「舒展大方」的拳勢風格。肢體放鬆，自然下沉，兩腿穩固，兩臂柔順，腰胯靈活，動作鬆柔，塑造出給人以美感的藝術形象。

2. 如何放鬆？

去僵變鬆，鬆而致柔，積柔至沉，沉而成剛，剛柔相濟，這是學練太極拳的步驟。因此，放鬆是練拳者必須逾越而又十分難以逾越的一道關口。要做到放鬆，除了「無日不習拳」外，還應注意以下 8 點心知，才有可能做到身知。

（1）靜，是鬆柔的首要條件，有 4 層含義：

①拳時最好選擇環境清靜、空氣新鮮的場所。

②拳不能急於求成，「一口是吃不成胖子的」，以免心浮氣躁。

③在練拳中，首先要心靜，就是思想集中，排除雜念」，「心靜才能體鬆」。

④保持良好的心態，樹立正確的行拳宗旨，注重拳德、師德的修為。

宗旨：習拳為體佳，進取藝無涯。義教多行善，溫馨你我他。

拳德：朝暮練拳勤，義傳貴有恆。謙虛待友禮，最要心真誠。

師德：甘為人梯多奉獻，精雕細刻悉心傳。自知底淺常充電，鼓勵學生青勝藍。

（2）輕，也是鬆柔的必要條件，即用最小的力。這裏再借用雕塑大師羅丹的一句名言：「我其實並沒有做什麼，只不過去掉了那些多餘的部分。」這多餘的部分，表現在太極拳中就是多餘的力。而多餘的力，一般有兩種表現形式：一是不該用力的地方用了力，因而成了多餘的力；二是該用力的地方用過了頭，出現了過猶不及的副作用。

（3）肌體放鬆，包括神態自如、肌肉放鬆、韌帶拉長、關節鬆開、中樞神經和內臟器官鬆弛，其中的鬆肩尤為重要。

已故師兄金長源曾說：「鬆肩是絕對的。」這句話聽似違反辯證法，但不無道理，因為在演練整套拳架中，兩肩應一直呈鬆沉狀態，即使是手臂上提的白鶴亮翅、扇通

背、玉女穿梭等式，仍要求鬆肩。

鬆肩是以意將兩肩鬆開，肩關節要有脫開之感。肩一鬆，氣就下沉，臂就鬆柔靈活。

要做到鬆肩，須在長期練拳和日常生活（如行走、騎車）中多加注意，「一生練拳的過程，是求鬆的過程，要時時刻刻想到一個鬆字，爭取今天鬆一點，明天再鬆一點，總之越鬆越好」。那麼，怎樣才算做到鬆肩了？筆者談四點體悟，與拳友們切磋。

①手臂有既輕又沉的感覺。

②能感覺到所戴手錶的重量。

③手臂運行時，肩頭好像消失了。

④單推手是檢驗是否鬆肩的第四個方法，即對方按我掤時，毋需用力只要把肩關節一鬆，就能化其按勁；反之，如果肩不鬆，勢必用拙力才能將其手向側向帶出。

（4）練拳要用意，但不可用意太過，以免導致肢體僵硬。

（5）拳架應規範，如果動作不正確，就會引起肌體僵硬。

（6）拳架高低適中，拳架的高低應根據每個人的體力和功力決定，不要勉強追求低架子，以防動作生硬。

（7）呼吸自然順遂，不出粗氣不屏氣，逐漸調節成深、長、細、緩、勻的胸腹式呼吸。

（8）速度緩慢均勻，銜接順達連綿，不要速度太快，停滯或忽快忽慢，要從動作輕緩中逐步求得肌體內外充分放鬆。

3.鬆與緊的關係

人們在教拳和撰寫論文時，多強調一個「鬆」字（這是必須的），忌諱一個「緊」字。其實，在太極拳運動中，鬆與緊是客觀存在的，是對立統一的，是相輔相成的。因為人體的運動主要依靠肌肉的張與弛（即緊與鬆）來牽動骨骼完成的，所謂「一張一弛」，「一緊一鬆」。因此，在練拳時，除了必須緊張的部分外，其他的都應充分放鬆，只有鬆緊兩方面協調好了，才能做到動作正確，拳架規範。

例如，當右摟膝拗步接做栽捶時，右胯收緊下沉，大腿肌肉著力吃緊（拳架越低越吃緊），使勁貫腳跟、右腿穩固；左胯關節鬆開，左腿肌肉和關節處於儘量放鬆的狀態，使左腳前邁時鬆柔、輕靈，又不牽動身體而失穩定。

又如，做栽捶握右拳時，屈肌群是收緊的，而手背部伸肌群是放鬆的。

再如，栽捶之左掌，左摟膝前為虛掌宜鬆，至定式時成實掌時宜略緊。同樣，栽捶之右拳，在虛拳時宜鬆握，當著人成拳（定式）時宜略緊握。

總之，鬆與緊的關係是此緊彼鬆、相反相成、客觀存在的。另外，從某種意義上來說，虛宜鬆，實宜緊。

在追求鬆柔的過程中，還應注意莫入三個誤區——鬆是懈，柔是軟，緊是僵。其實，鬆不是懈，鬆懈則精神不振；柔不是軟，疲軟則勁力全無；緊不是僵，僵硬則失去傳統楊式太極拳的靈魂，也不成其為太極拳了。

四十二、練左打虎式時如何理解「速度均勻」？

速度均勻是楊式太極拳的特點之一。練拳時速度均勻，有利於入靜放鬆、動作連綿、運動如抽絲和邁步似貓行。

1. 速度均勻的三層含義

（1）從起勢到收勢的整個套路中，除轉身擺蓮等絕少數式子外，基本上要求每個式子的速度相對平均，不能此式快，那式慢，這就是所謂的「式式均勻」。

這個要求看似簡單，但在練拳時常見速度不均勻的現象。例如，起勢時極慢，而接作左手抄，右手斜捌時，動作突然變快，這就不符合「式式均勻」的要求。

又如，手揮琵琶接作左摟膝拗步時，左腳開始不動，後來腳跟突然快速提起出步。因此，在做這個動作時，要做到速度均勻，宜按如下練法：左腳掌先著地，接著腳跟離地，然後腳掌提起，小腿自然下垂，小腿與大腿的夾角不宜小於 90 度，最後向前勻速邁步。

再如，練雲手一勢，做上抄、掤、捌時動作較慢，而做按、採、下抄時動作又往往較快，這也是速度不均勻。

（2）由於兩手運行的軌跡不一，且其路線的長度也不一定相同。因此，這時兩手的速度務必有所不同，否則必不符「同起同止」的要求。

例如，起勢接左掤時，左手邊外旋邊抄至腹前，以防對方擊我腹部之來拳，掌心朝右上方，與右掌相合；右掌做斜掤，然後回抹一小圓弧至胸前，掌心朝下，與左掌上下相對成抱球狀這個基本手法。顯見，左掌的路線要短於右掌的路線，所以，在練左掤前半部分（抱球前）時，左掌的速度應慢於右掌的速度，否則將出現左手先到等候右掌回抹的弊病。同樣，在練左掤後半部分時，左小臂左掤的運行角度，小於右小臂下採的角度。因此，左掌向左上方掤的速度應慢於右掌向右下方採的速度，以確保兩掌的動作同時進行，同時到位。

又如練海底針，右掌應外旋提回，向上向前下方插時，需走一個小立圓（立圓不要大），其路線大於左掌隨腰移動（右移宜外旋，左移宜內旋）的距離，所以左右手的運動速度應左慢右快，如果兩手的速度一樣，勢必出現左掌到位停頓，而右掌尚在下插，造成兩手脫節的現象。

再如，練扇通臂時，常見右掌先到位，而左掌還在前推的弊端。這是因為左掌比右掌走的路線長一點，且兩手速度相等之故。因此作扇通臂時，應左掌略快，右掌略慢。

誠然，在兩手運行路線長度不一的情況下，兩手的速度應有所不同，即路線長的手其速度應稍快，路線短的手其速度應略慢。但是，對同一隻手（左手或右手）來說，

其運行的速度仍應保持均勻，不可忽快忽慢。

（3）的確，楊式太極拳原則上要求勻速運動，但也宜有比較含蓄的節奏感。好像跳華爾滋舞，應對固定節拍的舞曲作節奏上的處理，即把「蓬嚓嚓」昇華到「蓬嚓·嚓」附點性的變化，這樣才能使慢三步舞曲優雅、飄逸和流暢的風格得到充分的展現。又好像書法中的用筆，有快慢的要求，即該疾則疾，該緩則緩，以提高節奏效果。

那麼，我們練傳統楊式太極拳如何使動作富有節奏感呢？竊以為，根據牛頓慣性規律，在一個動作與下一個動作的連接過渡處，其速度宜略慢一點（切莫反之），做有節奏性的連貫，有利於分清動作的起和止，有利於使動作似行雲流水，有助於勁力的貫注和內氣的沉穩，有利於定式時做到「似停非停」的要求。當然，兩勢過渡處的速度不能慢得叫人看出速度不勻或有明顯的斷續，更不能停頓。

例如，右掤接攦式時，好像海水拍岸後速度略減。

再如，左摟膝拗步的右掌前推時的速度，猶如汽車以每小時 50 公里的速度向前開，但在下接右摟膝拗步的過渡處，右掌的速度宜略慢一些，猶如汽車每逢轉彎處，速度總要降一點。

2.練左打虎式時腳、腰、手的速度

接上勢右蹬腳。

(1)下肢的運行速度

①左腿漸漸下蹲，右腳下垂。

②左腿繼續下蹲，送右腳下落在左腳旁，腳尖先著地，方向朝北（或朝北偏東），坐實右腿。

③右腿下蹲，送左腳向左前方邁出，方向西北（右打虎式朝向東南）。

上述左腿的兩次下蹲和右腿一次下蹲，宜速度均勻連綿，不宜 3 次下蹲併成一次，不宜先快後慢或者先慢後快，更不宜站煞不動，以致右腳下落和左腳出步難以做到輕靈沉穩。

當動②右腳跟一著地，左腳跟隨即離地，然後腳掌、腳尖先後離地，向西北方向邁出，這一組動作的速度也應均勻連綿。

做右蹬左弓成左弓步時，也應注意速度緩慢均勻，如果速度過快，就會出現下肢早已弓步到位，上肢還在畫弧，這是拳友們練打虎式時最常見的兩個弊病之一！

(2)腰胯的轉動速度

左打虎有 3 個轉腰胯的動作。動①和動②，腰胯略右轉，身軀從東北轉向東偏北；當邁左步的同時，腰胯開始左轉；在做左弓步的過程中，腰胯繼續左轉，身軀轉向西北；當左弓步即將到位時，腰胯略右轉，身軀朝北偏西（右打虎式定式時身軀宜朝東偏南❶），要求 3 次轉動的速度連綿均勻。

(3)上肢的運行速度

下肢在做①和②動作時，右掌邊內旋邊略向下壓，掌

心斜朝下，坐腕，略低於肩；左掌邊外旋邊弧形向右移，掌心斜朝上，與右肘相對成擺狀。顯見，右掌的運行路線大大小於左掌移動的路線，因此，右掌內旋略向下壓的速度，應小於左掌右移的速度，才能防止右掌出現停頓的現象。

當左腳向西北邁出後，兩手臂做左擺，左掌經左膝前上方（亦稱反摟膝），然後隨胯左轉，自下而上畫弧緩緩握拳；當左拳即將至左額前上方定式時，隨腰胯略右轉成實拳（拳心斜朝外），與右拳有相合之意。同時，右掌隨腰胯左轉擺至右腹右前方；然後，向左下方蓋拳，拳眼斜朝裏，與左拳拳眼大致相對；同樣，當右拳至腹前時，隨腰胯略右轉握成實拳，與左拳有對拉之意。

在上述動作中，由於右掌（拳）運行的路線短於左掌（拳）的路線，因此，拳友們練左打虎式時，最常見的弊病之二是：右拳已到位不動，左掌（拳）還在運行！為此，在做這個動作的時候，右掌（拳）的速度務必比左掌（拳）的速度要慢，只有這樣才能做到兩拳同時到位。

---

❶受傅聲遠師兄委託，筆者和弟子張仲義先生在寧波金用葆師兄的幫助下，對《楊式太極拳教法練法》一書（傅鍾文、傅聲遠著，姚明華執筆）進行文字上錯別字的修改，在修改中，對右打虎定式的方向，在徵得傅清泉先生的同意後，將原書中的「向南偏東」改爲「向東偏南」。

四十三、練雙風貫耳時如可呼吸？
如何理解「氣沉丹田」？

對於「氣沉丹田」這個古老而又玄妙的術語，談談自己的淺見，並結合練雙風貫耳時的呼吸進行探討，供拳友參考。

丹田，是人體部位之名，在兩眉之間的叫做上丹田，在心窩部的稱為中丹田，前輩們所講的丹田係指下丹田，即在臍下小腹處。眾所周知，腹部屬消化系統，從鼻子中吸入的空氣是不可能到丹田的，因此，「氣沉丹田」的氣，不是呼吸中的空氣。

那麼，怎樣來理解氣沉丹田中的氣呢？在討論這個問題之前，先介紹人體呼吸的 5 種方式。

1. 五種呼吸方式

(1)喉頭呼吸

喉頭呼吸時，僅表現為喉頭上下起伏，吸氣極淺，且呼吸的頻率較快，一般來說，人在臨終前才會以這種方式進行呼吸。

(2)胸式呼吸

這是一種主要依靠胸腔的擴張和回縮來控制氣息的呼

吸法。這種呼吸方法，吸氣時雙肩上抬，只有肺的上部充氣，肺的下部氣泡不充氣，因而不僅吸氣淺，肺活量小，一般只利用自己肺活量的三分之一，並且氣息難以保持，容易很快泄掉，難以使呼吸做到深長均勻。另外，這種呼吸方法，還會引起聳肩、氣浮和下盤不穩之弊。

(3)腹式順呼吸

這種呼吸主要靠下降橫膈膜（胸腔與腹腔之間的膜狀肌肉），用腹部肌肉控制氣息。吸氣時胸部不抬起，只使小腹自然外突，呼氣時小腹自然收縮。

(4)腹式逆呼吸

腹式逆呼吸同樣靠橫膈膜和腹肌進行控制，不過當吸氣時小腹內收，呼氣時小腹外突。

上述兩種腹式呼吸方法，有助於提高肺葉下部的功能，促進內臟運動，加強血液迴圈，但是由於將氣息迫得過緊，腹部膨脹，使胸腔肋骨受到壓縮，失去胸腔肋間肌肉控制呼吸的能力，肺活量不太大。

(5)胸腹式呼吸

這是一種運用胸腔、橫膈膜和腹部肌肉共同控制氣息的呼吸法。胸腹式吸氣時，橫膈膜下降，使胸腔底部向下伸展，腰部一周擴張，嘴和鼻好像長在腰間；同時，胸腔兩肋張開，使胸腔和肺部全面擴大，將空氣吸入肺內。胸腹式呼氣時，一方面依靠胸腔本身的彈性作用，以及胸腔呼氣時用力，將肋骨拉下，使胸腔縮小；另一方面，腹部肌肉收縮，迫使橫膈膜上移，回復到原來位置。以上兩種的呼氣動作互相配合，共同控制，使吸入的空氣受到壓迫

後，由肺部、氣管通過鼻口排出體外。

這種胸腹式呼吸具有以下4個優點：

①全面地調動了呼吸器官的能動作用，由於吸氣時下降橫隔膜和張開肋骨同時並用，使胸腔全面擴大，使肺的下部和上部都充滿空氣，大大增加了肺活量，向血液提供更多的氧氣，使人的精力更加充沛。胸腹式呼吸的肺活量是5種呼吸方式中最大的一種，腹式順呼吸次之，腹式逆呼吸的肺活量略小於腹式順呼吸，胸式呼吸較小，喉頭呼吸的肺活量最小。

②控制氣息的能力加強，可使呼吸時做到均勻、深長、細緩、自如。

③解除胸部僵硬緊張和雙肩上聳的不良現象，有利於身勢輕靈穩健。

④與腹式呼吸一樣，胸腹式呼吸由於增加了橫隔膜的升降量，對腹部器官有良好的按摩作用，促進腹腔內的腸、胃、肝、脾等內臟運動，加速靜脈血的回流，大大提高了毛細血管的利用率，改善了血液循環，對腸胃病、便秘和心血管等慢性疾病，具有積極的自療效果。

2. 對「氣沉丹田」的管見

在上述呼吸方式中已經講過，當做腹式呼吸或胸腹式呼吸時，加大了橫膈膜的上下運動，使腹腔內壓力變化加大，小腹內臟得到按摩，經此不斷地一張一弛的運動，在臍下小腹部就會漸漸產生一股暖流的感覺，這是經絡暢通、氣血運行的機能反應，是生理上的一種自然現象，中

醫和氣功學謂之「真氣」、「得氣」或「經絡之氣」，古人稱之為「氣沉丹田」。

在討論「氣沉丹田」時，再談兩點看法：

①在練習太極拳的過程中，有的拳友會出現諸如小腹溫暖、指梢脹麻等某些氣功鍛鍊的氣血運行感，這就是先輩們所說的「氣」。對於有些在練拳時沒有氣感的拳友，不必去強求「氣沉丹田」等徵狀，練拳時只要遵循太極拳的鬆靜自然（包括呼吸自然）、用意不用力等要求，就會不斷地提高拳術水準，也會獲得健體、療疾的效果，西安周關華先生對此有較為詳盡的論述（見 2000 年第一期《太極》上的《習練太極拳絕不要去追求氣感》）。

②太極拳是從拳術的攻防和動作的前後銜接等方面考慮的，而不是呼吸體操，而且太極拳的動作有長有短，因此，練拳時呼吸不一定，也不可能時時、處處與動作合拍。氣功則皆在平衡陰陽、疏通經絡、調和氣血以達到祛病強身的目的。所以，練太極拳時不宜照搬練氣功的那套方法，以免捨本逐末。

3.練雙峰貫耳時的呼吸

呼吸應順其自然，同時應根據每個練拳者的具體情況（年齡、體質和功力等）以及練拳的速度分別對待，茲以雙峰貫耳為例，試述之。

(1)拳架練法簡述

上接回身右蹬腳。

①腰胯右轉 45 度，身軀朝向東南；左腳宜以腳跟為軸

碾轉約 45 度，右腳落下，腳尖自然下垂，膝與胯平；兩掌隨轉體自左向右弧形移至右膝側上方，掌心斜朝上。

②左腿漸漸下蹲，送右腿向前邁步，腳跟先著地；兩肘下沉，帶動兩掌下移。

③右腳踏平，重心開始前移；兩掌向左右，向上畫弧（其弧形似同生梨的下半部），兩掌的間距略寬於肩，高與胸齊，兩掌心相對。

④蹬左腿，弓右腿，成右弓步；兩掌變拳（先虛拳後實拳）向上、向前、向裏弧形勾擊雙方雙耳，其弧形似同生梨的上半部，兩拳與太陽穴同高，間距為頭部的寬度，兩拳眼斜向對。

(2)呼吸方法試述

對於身強力壯、肺活量大或行拳速度較快的拳友，在動作①轉身時宜吸氣，在動作②、③、④出步、勾擊時宜呼氣。

對於年高體弱、肺活量小或行拳速度較慢（練一套傳統楊式太極拳一般等於或大於 30 分鐘）的拳友，宜分兩次呼吸，即在動作①時吸氣，動作②時呼氣，動作③時再吸氣，動作④時再呼氣。

因此，練拳時的呼吸應根據每個人肺活量的大小、動作的快慢，靈活掌握，力求自然，不可勉強。

4.練拳時對呼吸的 5 點要求

（1）應養成以鼻子吸氣的衛生習慣，它的好處在於：
①使進入肺部的空氣清潔、濕潤和提高溫度。

②可保持吸氣深長。

③增加橫膈膜的活動範圍，可提高肺活量和改善腸胃等消化系統的功能。

（2）柔、緩、勻是傳統楊式太極拳的風格特點，呼吸一般也應做到柔、緩、勻。吸氣時應柔和、平穩，胸部要鬆弛，自然地擴張和收縮，不能用強制的力量，否則呼吸器官會產生僵硬、緊逼的感覺，勢必影響拳架的鬆柔。緩緩吸氣後，宜稍作停頓，成為呼吸支點，隨後緩緩地、均勻地採用鼻或鼻口同時進行呼氣，但切不可屏著呼吸，因為屏著氣會導致動作僵硬、下盤不穩，產生胸悶、氣喘等徵狀，甚至可能損壞吸肌或引起肺泡破裂，特別是對於年齡大的拳友。呼氣時，上胸部仍應放鬆，要用下胸肌，腹肌和橫膈來操縱，呼氣一般應做到緩慢、節制、均勻。

（3）對於初學的拳友來說，暫且不必顧及呼吸，一心一意把注意力集中在「明規矩，合規矩」上，盡力使拳架趨於規範，打下扎實的功夫，這是練拳的根本。因此，教與學的拳友務必從嚴要求，否則將如古人所指出的那樣：「教不嚴，拳必歪。」在這個階段應採用自然法，即呼吸順其自然，像平常一樣平靜自然地呼吸。待到套路熟練後，部分動作可自然地、逐步地過渡到拳勢呼吸。

（4）所謂拳勢呼吸，就是在長期練拳中自然形成的一種深長呼吸，是以呼吸運動去自然地配合套路動作，而不是以動作去強行地配合呼吸。其一般的規律為：當承接上一動作的過渡處或屈臂時宜吸氣，此時身體有變輕之感，有利於動作輕靈和蓄勁；當手掌（拳）向前或至定式時宜

呼氣，這時身體有變重之感，有利於動作沉穩。同時，由於呼氣時肌肉的力量較大，有利於手掌（拳）前擊時發勁。呼吸與動作的配合固然有一定的規律，但也需有必要的靈活性，配合應自然，不可拘泥死板。

（5）取法自然，是太極拳的哲理，順其自然，是進行呼吸的關鍵。如前所述，在初學拳的階段，不應將注意力放在呼吸方法上，呼吸應順其自然。在自然呼吸的基礎上，經長期練拳後，就會自然而然地過渡到拳勢呼吸。在作拳勢呼吸時，也必須使呼吸與動作自然地結合，能結合則結合，不能結合則可增加一次呼吸，或採取純自然的平穩深長呼吸，不要刻意去追求，過於機械，更不要去生搬硬套某些所謂的「呼吸流程」！以免釀成憋氣、動作僵硬等弊病。

總而言之，練拳時應把主要精力放在動作意念（過程、要領或攻防）上，不要把意念放在呼吸上，不論是初學時的自然呼吸，還是日後的腹式順呼吸、腹式逆呼吸或胸腹式呼吸，都應因人而異，順其自然地進行，不可強行規定，正如拳論曰：「全身意在精神，不在氣，在氣則滯。」

四十四、練野馬分鬃時如何理解「動中求靜」？

「動中求靜」是《太極拳說十要》之一，楊公澄甫在文中指出：「太極拳以靜禦動，雖動猶靜，故練架子愈慢愈好。」對於這個「靜」字，我理解為安定平穩，而不是靜止不動。要做到「動中求靜」，宜從重心轉換、重心位置、轉軸垂直、速度均勻和靜心慢練等5個方面入手，並結合野馬分鬃的練法談點體會。

1. 重心的轉換

練太極拳要做到穩健又靈活，必須掌握好身體重心的轉換。掌握重心是任何一種層次練拳者都無法避免的基本技術，但又是一種高級技術，是技巧中的技巧。重心轉換的核心是不露痕跡的漸變，而不是突變。兩腿重心的轉換，猶如太極陰陽雙魚圖，此消彼長，此長彼消的轉換，先輩稱之謂「腳下陰陽變」。又如兩杯水互相倒來倒去時，要像賓館服務員倒啤酒那樣緩慢而均勻，這樣才能提高重心的穩定能力和自身的平衡能力。

斜單鞭定式時，左右腿重心的分配比例約為7比3，下接右野馬分鬃，左腳以腳跟為支點，實腳裏扣90度，腳

尖朝向西南，重心逐漸由 70%→80%→90% 移至左腿，當坐實左腿，其重心 100% 在左腿；同時，右腿的重心相應地逐漸由 30%→20%→10%，及至零時，右腳離地提起。坐實左腿，鬆開右胯，上右步，右腳根先著地，腳掌、腳趾依次平鬆著地，然後左蹬右弓成右弓步，重心逐漸前移，由 1%、10%⋯⋯直至約 70% 移到右腿；左腿的重心由 100% 逐漸降至約 30%。此時，右胯宜收沉，以利於弓步穩定，肩胯相合，勁力完整，又可防止前膝超過前腳尖的常見病。

右野馬分鬃接左野馬分鬃時，右腳以腳跟為支點，實腳外撇 45 度，右胯再略收沉（合再合），重心由 70% 漸至 100%，坐實右腿；反之，左腿的重心逐漸由 30% 減至零，左腳提起，鬆開左胯（開再開），上左步，然後右蹬左弓成左弓步。

2. 重心的位置

當成弓步時，身體的重心位置宜落在前腳跟側（前腳跟內側與兩腳跟中心線之間）後方。此時，重心不宜落在兩腳跟的中心線上，以免造成下盤不穩和減弱起於腳的內勁；重心也不應落在前腳掌外緣，以免導致突臀、扭身、弓步不穩等弊病，同時，由於身軀向側前方移動，減弱向前的勁力。從身型看，臀部不可外撇，超出前腳掌的外側。

當單腿支撐時，身體的重心宜落在腳心與踝下之間，不宜落在獨立腳的邊緣，成為不穩定平衡狀態，稍受外力

即刻失去平衡，猶如雞蛋直立時的狀態。當然，重心的位置不可落在獨立腳邊框線的外面，以免身軀搖擺不穩和邁步難以做到如貓行。從身型看，獨立腿的腳跟與其相應的胯和肩宜在同一垂線上。

如（圖16）所示，斜單鞭定式時，身體重心的位置在A點附近；當左腳實腳轉坐實左腿成獨立腿時，重心宜落在B點；右野馬分鬃定式成右弓步時，重心位置移至C點附近。

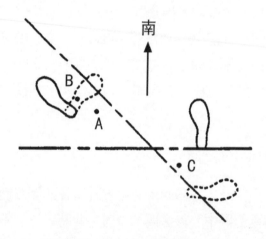

圖16　斜單鞭和右野馬分鬃的重心位置示意圖

3. 轉軸垂直

對於身軀是否可以前傾這個問題，筆者曾在前面作了探討，為了便於討論，在此重複幾句：對不同的拳式應區別對待，如雲手等勢，身軀應垂直於地平面，不準前傾；

如野馬分鬃等勢，身軀宜略前傾；如栽捶等勢，身軀應前傾。但是，在前後兩式過渡處，身軀轉動時，其轉軸（實腳轉的腳跟與其相應胯和肩的連線）宜垂直於地平面，不宜前傾或呈折線狀。

當斜單鞭定式時，身軀略前傾；接做右野馬分鬃時，左胯略收沉，隨腰胯右轉，左腳實轉內扣，身軀宜垂直，這時左腳跟、左胯和左肩猶如一扇門上的 3 只鉸鏈，身軀似門板平正地向右開啟。同樣，當右野馬分鬃定式時，身軀略前傾；下接左野馬分鬃時，右腳跟、右胯和右肩宜在一根垂線上，身軀以此為立軸向右轉動，身軀由朝西轉向西北，坐實右腿，左腳提起，兩手掌上下相合呈抱球狀。

如果這根軸線前傾或呈折線狀，身軀轉動時易造成重心前移而不穩，或者即使重心落在獨立腳的邊框線之內而身軀不倒，但在邁下一步時易出現落腳快而重，或者重心快速前移等弊病。另外，轉軸不垂直，還會影響兩肩平正和虛領頂勁。

因此，練習拳架時要求轉軸垂直於地平面，同時尚需尋找一種頭頂青天，腳入大地的感覺。

4. 速度均勻

關於速度均勻，前文已經討論過，現結合探討「動中求靜」補充兩點見解。

（1）楊式太極拳定型者楊澄甫宗師在拳術套路的演變過程中，逐漸取消了跳躍騰閃的動作，大大減少了迅猛發勁的拳式，但在太極刀術中保留了部分跳躍和較多發勁的

招數。因此，我們楊式太極拳愛好者務必把拳術套路的風格與器械套路的特點區別開來。速度均勻是拳術套路的風格之一，捨此就不成其為傳統楊式太極拳了。

（2）在行拳走架時做到緩慢勻速，猶如河面上隨水流浮動的一隻船，雖動猶靜；又如芳草地上一座栩栩如生的雕塑，雖靜猶動。

5. 靜心慢練

楊澄甫師公在「動中求靜」這條要求中還指出：「練架子愈慢愈好，慢則呼吸深長，氣沉丹田，自無血脈僨張之弊。」

慢練是楊式太極拳的一大特徵。練拳愈慢，容易入靜，能更好地體會拳理、要訣，可提高意念作用，使動作柔和、自然、細緻、到位；練拳愈慢，使呼吸深長，增加氧氣的攝入量，有利於改善呼吸系統、中樞神經的經絡功能，又可增大運動量，增強人體的新陳代謝和下肢力量，從而提高了健身效果；練拳愈慢，可使人情緒穩定，行拳平和；練拳愈慢，愈能品出拳味，如同品茶、品酒需慢慢細辨，「慢練出真功」。

太極拳慢練，其健身和練功的效果越佳，但其難度也就越大。記得 10 年前，請陳鐵玲、張雅君二位師姐來示範表演傳統楊式太極拳，並叫二位學生伴練，陳師姐說：「她們速度恐怕跟不上？」筆者聞之一愣：「又不是賽跑，怎麼跟不上？」但轉而一想：「噢，原來二位師姐練得慢，擔心二位拳友跟不上她倆的慢速度。」

那麼，練一套傳統楊式太極拳到底慢到什麼程度？有15分鐘、20分鐘、半小時、50分鐘……之說。

　　「練架子愈慢愈好」，這是先輩的不易之論，也是不少拳師的經驗之談，毋庸置疑。練習傳統楊式太極拳的速度固然要慢，但是慢練是有前提的，即取決於每個練拳者的肺活量和腿（功）力，應因人而異，順其自然，不可勉強，脫離自身的實際情況，去盲目追求慢速度，以免導致動作停頓、散亂、僵滯、呼吸與動作脫節，下肢虛實不清，以及產生思想和肌肉上的緊張等不良現象。因此，不宜籠統地規定，練一套傳統楊式太極拳須用多少時間來限制情況各異的拳友。

　　對於「練架子愈慢愈好」，再談4點淺見，與同仁進行討論。

　　（1）慢不等於停，特別是在每一招式的定式時，動作務必連綿不斷，切莫停頓。

　　（2）慢不是僵滯、呆板、鬆散，動作緩慢必須符合放鬆輕柔和神采奕奕的要求，對此筆者在前文中已有論述，現補充二句話：

　　其一，慢練則心靜，心靜則體鬆。其逆定理亦能成立，即體鬆則心靜，心靜則慢練。

　　其二，練拳時鬆到無肩、無手、無腳……的感覺，這可能是拳論中「人天合一」和「虛靜」的上乘境界，是我們努力的方向。

　　（3）如前所述，練拳的速度應根據每人肺活量和腿力的具體情況，儘量緩慢，而不像跳舞那樣，必須跟著音樂

的節拍運動。何況練拳時一聽音樂，心難靜，意難專，練拳效果必受影響。如果練拳者真的已經達到「聽而不聞」的境界，那麼，播放的音樂給誰聽？！豈不多此一舉。所以，愚以為在練習傳統楊式太極拳的過程中，不宜音樂伴奏。

（4）日前，南京黃明山老師光臨寒舍，傳經送寶——《楊式太極拳黃氏教學法》（付梓稿），並指出筆者拳架中存在的問題。他在談拳論道時指出：「練傳統楊式太極拳雖然動作緩慢，拳式重複，花時較多，但正因為如此，才能把水燒開。而那種5、6分鐘打一套的簡化拳，水只能燒到30攝氏度。」筆者十分欣賞這個深入淺出而又非常形象的論點。

「你幾分鐘打一套傳統楊式太極拳？」下面回答讀者提出的這個問題，供參考。目前，我們每天晨練時，當聽到閔行中學鐘樓傳來的6下鐘聲，就開始起勢，連續不停地練到第二遍85式太極拳收勢前後，又聞「當、當……」地鐘聲；每天傍晚6：30練拳時（筆者一般站在最後一排的東頭或西頭），也是30分鐘左右打一套拳；如果筆者獨自練習傳統楊式太極拳，一套拳約需35分鐘。

行拳的快與慢，取決於每人的肺活量，當斜單鞭接做右野馬分鬃，兩手掌上下相合呈抱球狀時，如果練拳者的肺活量大，吸氣深長，則行拳的速度就緩慢，反之則快。當兩手掌分開（右小臂前掤、橫捌，左掌下採），如果吸氣多，呼氣緩，則行拳的速度慢，反之則快。走架的快與慢，還取決於每位拳友的腿力，如果腿力不濟，斜單鞭右

腳內扣後，難以坐實坐穩，則上右步較快；如果腿力不夠，又追求低架子，邁步勢必既快又重。反之，如果腿力較好，則前邁之腳才有可能做到緩、勻、輕，練拳的速度也就比腿力差者要慢。

說到太極拳的一個慢字，除了做到靜心慢練外，還應做到認真慢學，從嚴慢教。楊公在《太極拳之練習談》（楊澄甫口述，張鴻達筆錄）中告誡後人：「急求速效，忽略而成，未經一載，拳、劍、刀、槍皆已學會，雖然依樣葫蘆，而實際未得此中三昧，一經考究其方向動作，上下內外，皆未合度，如欲改正，則式式皆須修改，且朝經改正，而夕已忘卻。故常聞人曰：『習拳容易改拳難。』此語之來，皆由速成而致此。如此輩者，以誤傳誤，以致自誤誤人，最為技術前途憂者。」

筆者不幸被楊公言中，其教訓是十分沉痛的——想當年每一次參加楊式太極拳學習班，第一課就學到單鞭，一個月結束後，就閉門造車，獨自在體育場的一角打了 13 年拳，沒有老師的指導，沒有拳友的指點，從而養成了肩胯不鬆、虛實不清、立身不正、方向不準和手型不對等許多毛病，正是「行拳墮入野狐禪，心力虛拋十幾年。」後來雖受恩師親炙，僅僅一個摟膝拗步就指出筆者 15 個錯誤，自己也化了一點工夫，沿著體育場的跑道單練左右摟膝拗步 3 圈。奈因陋習難改，更甚筆者天資愚拙，要改正又何其難呵！結果是「事倍功微小，乃因拳病頑」，「拳練廿年未入室，再習廿載難出門」。

接受了這個深刻的教訓，當筆者（包括弟子）在教拳

時，本著第一口奶十分重要的認識，我們採用了慢速度，弟子王俊、王鈾在教拳時，單單一式左掤就教了4個早晨。現在，我們教初學班，一般為期3個月，對其中謙遜好學者，筆者趁熱再從頭教，從嚴從高教，每個回合又約需3個月，一般經過3、4個回合一年左右的不斷苛求，這些學員的拳架可以達到基本規範，為日後深造和教拳，打下了扎實的基礎。

點滴教訓和經驗，供初習乍教的同道參考。

與妻子在第43期太極拳學習班結業典禮上

四十五、野馬分鬃、攬雀尾和摟膝拗步時兩腳的橫向距離有什麼不同？

關於弓步前後腳的橫向距離，一般有 4 種規定，即兩腳應保持一定的橫向距離；兩腳的橫向距離約與肩同寬；兩腳的橫向距離為 25 公分或 10～30 公分。這些要求是必要的，但比較籠統，下面將探討兩個問題：如何測量兩腳的橫向距離？野馬分鬃、攬雀尾和摟膝拗步兩腳的橫向距離有什麼不同？

1.關於弓步兩腳橫向距離的測量方法

在弓步中，兩腳的橫向距離有以下 4 種測量方法：

（1）前腳中心線與後腳跟之間的距離（圖 17 中的 A）；

（2）前腳中心線與後腳中心之間的距離（圖 17 中的 B）；

（3）兩腳跟內側之間的橫向距離（圖 17 中的 C）；

（4）前腳掌外側與後腳趾外側之間的橫向距離（圖 17 中的 D）。

這 4 種方法都是可以的，但因它們（特別是 C 與 D）之間相差較大，如果用第（3）種測量方法去要求與肩同

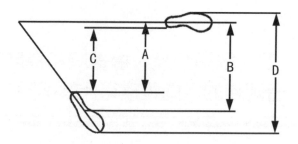

圖 17　弓步中兩腳橫向距離的測量方法

寬，弓步豈不變成畸形；如果用第（4）種測量方法去要求10公分的橫向距離，弓步豈不成了「走鋼絲」。因此，我們在教拳或撰文時務必予以明確，以免造成混亂，影響練拳效果。筆者將採用較直觀明瞭、易操作的第（3）種測量方法來探討下面第二個問題。

2.關於野馬分鬃、攬雀尾和摟膝拗步的前後腳跟之間橫向距離的差異

　　弓步前後腳跟內側之間的橫向距離，宜根據人的高度、步型的順拗和用法的不同來確定。眾所周知，高個子做弓步時的橫向距離應比矮個子大。拗弓步（當左手右腳在前或右手左腳在前）的橫向距離以20～25公分為宜，順弓步（當同側手腳都在前）的橫向距離以15～20公分為宜。當以向前發勁為主的招式，其橫向距離可小些；當以向左或向右發勁為主的招式，其橫向距離應大些。

　　茲根據筆者（身高174公分）的體悟，對野馬分鬃、攬雀尾和摟膝拗步前後腳跟內側之間的橫向距離，分別提

出一個參考數據。

做攬雀尾時兩腳跟內側之間的橫向間距以 15 公分為宜，如果過窄（甚至兩腳踩在一條直線上），則自身不穩，不利於前掤、前擠和前按；如果過寬，則易產生勁力減小、右臀右突和後坐不適等症狀。

在教拳時，一般都再三強調兩腳不要踩在一條直線上，且多要求與肩同寬，又未明確測量部位，以致產生弓步過寬這一易被忽視的弊端，大大多於兩腳成一直線的毛病。

右野馬分鬃的主要用法是，我右前臂捌對方腋下，有向右橫捌之意，因此，兩腳跟內側之間的橫向距離宜加大至 30 公分左右，以確保發橫勁時自身四平八穩。左摟膝拗步的右掌是向前推去，左掌向左摟出，兩腳跟內側之間的橫向距離宜介於攬雀尾和野馬分鬃之間，約 22 公分。

總之，對於弓步兩腳的橫向距離，首先應明確其測量的具體部位。至於弓步兩腳跟內側之間的橫向距離，不宜一刀切（即以一個常數去要求所有的人、所有的招式），而應根據不同的情況進行具體分析，找出一個舒適的間距，以便練拳時做到立身中正、下盤穩固、勁力順達和進退自如。

四十六、練玉女穿梭時如何理解 「內外相合」？

「內外相合」是楊公澄甫口述《太極拳術十要》之八，現結合練玉女穿梭談些學習心得。

廣義的「內外相合」，其內涵宜包含內外放鬆、意領形隨、以形運氣、勁隨形到、以外引內、以形傳神和尚拳崇德等七個方面。

1. 內外放鬆

「練太極拳應全身鬆開」，首先要求中樞神經系統放鬆，才能使肢體鬆柔，神態自然。

2. 意領形隨

練拳時要用意引導動作，意即意念，是大腦支配下的心理活動，將意念揉入動作之中，做到意領形隨。初學時的意念宜放在腳、身、手和眼的練法和要領上，繼而假設在每個動作過程中都有反作用力（或阻力），如同書法中的中鋒澀行，或如在游泳時水的阻力，然後過渡到按技擊要求練拳，行拳走架好像在與人交手一樣，心存假想的對手，一招一式的用意不是化解對方就是攻擊對方，打一套

明白拳。這樣才能像演戲、唱歌時感情進入角色，動作不至於變成空洞無物、機械式的運動，二者的感覺不一樣，其效果也不大相同。

當右掌自單鞭做玉女穿梭時，先要有抄、掤、壓、抽和推的五個用法的想像，動作隨之——

①右勾手變掌，邊外旋邊向左下方畫弧抄至腹前，以保護腹部。右掌在左抄時，好像在池中抄水（不是撈水），應做到但聞抄水聲，而不將水抄起來。

②右掌繼續邊外旋邊向右上方畫弧掤至右肩前（動①動②成一立圓），掌心斜向朝上。

③下沉右肘，帶動右掌繼續邊外旋邊向下黏壓，與胸同高，掌心朝上（此時，左掌抄到腹前，兩手腕上下相對呈十字交疊狀）。

④右肘後抽擊人，右臂內旋，掌心朝左下方，為前擊做準備。

⑤右掌繼續邊內旋邊朝前略朝左推出，至心口前，掌心朝前偏左。

3. 以形運氣

在練習拳架時，做到心靜體鬆、動作緩勻、以意運形，導致體內的氣血循環加速，毛細管擴張，從而產生肢體發熱、發麻、發脹等氣血運行感，正如董英傑前輩所云：「太極拳十三勢，本為導引功夫，導引者，導引氣血也。」

當單鞭接做玉女穿梭時，隨腰胯右轉，左掌邊外旋邊

弧形向下抄至腹前，掌心斜朝裏以護右肘（應與右掌動③收至右胸前同時到位），這時的氣血運行感由拇指經食指、中指、無名指至小指。

當左掌邊內旋邊沿著右前臂向前略向上前掤至與肩同高，掌心朝後（應與右掌動④後抽同時到位）；然後繼續邊內旋邊弧形向上向前經面前上掤至左額前上方，掌心朝前略朝上，應與右掌動⑤前推至心口前同時到位（左掌先到位，架於左額前上方不動，然後右掌再推出，這種上下不相隨的練法，在晨練時、賽場上和碟片中比比皆是，願與教拳者、學拳者共戒之）！這時的氣血運行感，自小指起依次至無名指、中指、食指、拇指。如前所述，這種氣血運行感應順其自然，莫去故意追求。

4. 勁隨形到

內勁，一般以後腳蹬地為主要動力，主宰於腰，自下而上節節貫穿，要得到充沛的內勁，還須動作合理，拳架規範。

做左穿梭左腳上步後，蹬右腿，弓左腿，重心前移，腰胯隨之左轉，催動右掌向前發勁，此時應符合手走弧形臂要旋、上下相隨、立身中正、虛實分清、沉肩墜肘、如意胳膊籠筐腿和坐腕舒指等要求。「只有把規範的拳架與內勁統一起來，才算把拳練到自己身上」。

5. 以外引內

拳架變化時結合拳勢呼吸，逐漸加深胸腔與腹腔之間

的橫隔膜上下活動，腹球隨之縮張；同時，隨著腰胯的轉動，腹球作立體轉動，其轉動方向，宜與主手的方向相應。這種以外引起的內動，使內臟不斷受到擠壓、轉動，對內臟產生自我按摩的效果，促進了心、肺、胃、腸、肝、腎等臟器的新陳代謝，這是太極拳能祛病強身的原因之一。

6.以形傳神

「練好拳架是『血肉』，練得精神是『筋骨』，才是學到真正的內容。」要打出太極拳的神韻，宜注意以下5點。

（1）拳架必須較為規範，拳架不準，難有神韻。

（2）神韻很大程度是表現在臉上，尤其是眼睛，「眼睛是心靈的窗戶」，眼睛有神，即色澤鮮活，目光炯炯，運動靈敏；反之，眼睛乾燥無光澤，目光呆滯，無所適從，則為無神。

（3）練拳要有自信（而非自恃），相信自己拳架和能力。有了自信心才能從容不迫，面色才能有神，神采奕奕，動作瀟灑；如果自卑，缺乏自信，萎頭萎腦，目視地上，那是永遠打不出神韻的。

（4）精神狀態力求靜篤，則體內的精、氣能保持健康，精氣足，才能生神。

（5）神韻還與練拳者的情操、素質和風度有關，為人正派、心地光明者行拳時，能讓人看出其一身浩然之氣，正是「功夫在拳外」。

7. 尚拳崇德

古人曰：「德者才之主」，「提倡太極拳，首重拳德」，「練拳練體練品質」。練拳練體就是人們練習拳架，是有形的、外露的；拳德品質是人們在學拳、練拳和教拳中表現的思想、品質等本質，是無形的、內在的，卻是最為重要的。恩師再三強調「品德最重要」，值得加以研討。拳德品質的內涵非常豐富，現根據師之遺訓和自己的學習體會，將拳德概括為「勤、恒、專、謙、善、禮、嚴、寬、淡、誠」10個字，即：

朝暮練拳勤，義傳貴有恆，

謙虛待友禮，習武宜專攻，

和善多行善，淡泊利與名，

寬人嚴自己，最要心真誠。

四十七、下勢接做金雞獨立時如何起立？

下勢接做金雞獨立時，要使起立做到連綿順隨、獨立穩定，宜注意以下 5 點：

1. 起立前，左腳應隨重心前移緩緩外撇，腳尖朝向東北，不可朝向正東，以免起立時因著地的橫向面積減小而造成左右搖擺。正如站在行駛的公共汽車中，兩腳應左右開立，以便汽車剎車時保持身體穩定；如果兩腳並立，則在汽車剎車時身體容易向前進方向摔倒。

2. 起立前，右腳宜隨之緩緩內扣，如果不扣，則將造成兩腳成一直線，其夾角為零，不利於立身中正、動作穩定、起立順達和後腿的蹬勁。

3. 重心前移時，需蹬右腿；待到坐實左腿後，則主要依靠腰胯的左轉順勢帶動呈放鬆狀態下的右腿，而非依賴右腳蹬地而起。

4. 左腿直立後，應微屈（不可挺直），起到彈簧似的緩衝作用，以利身體平衡。

5. 身軀前移和上升時，應保持立身中正（不宜前俯），以利穩定。

四十八、練白蛇吐信和穿掌時如何理解「四駢指」？

人們在敘述手型時，一般將指型包含在掌型中。其實手是由手指和手掌兩部分組成，所以嚴格地說，手型除了有掌、拳、勾3種之外，還有一種是指型。

對於指型，在探討掌型時已經講過，一般要求五指自然舒展，微屈不直，在同一平面上，方向基本一致（小指與拇指有合意），不應有拇指外翹、四指呈蘭花指狀態。

至於四指（食指、中指、無名指和小指）的平直度，根據動作的虛實和拳式的不同，宜分成以下3種狀態：

1. 當虛掌時，四指微屈。

2. 當實掌（一般在定式）時，四指略伸展。

3. 在演練白蛇吐信和穿掌等絕少數拳式的定式時，四指宜伸直，以指尖擊人要害部位，這就是所謂的四駢指。

做白蛇吐信時，上接扇通臂，右掌自右額前下蓋，邊蓋邊握成蓋拳，至左腹前，小臂持平，拳心朝下偏裏，蓋住對方擊我胸部之拳（掌）；然後右拳邊外旋邊向上向前向下環轉撇出，至右臂持平時變掌，四指伸直似彈物狀，掌心朝上略偏左，指尖朝前，呈四駢指，擊人眼睛。隨之重心前移成右弓步，右掌繼續下撇至右腰前，掌心朝上；

左掌收至胸前之後，經右小臂裏側上方，向正前方推出。

在做高探馬帶穿掌時，上接高探馬，左掌向正前略向上穿出，腕與肩高，掌心仍朝上，四指由微曲逐漸伸展，至定式時四指伸直呈四駢指，手臂與四指成直線狀，此時四指不宜彎曲、鬆散，否則不得勁。

偕妻赴慈溪市教授傳統楊式太極拳

四十九、指襠捶與搬攔捶、栽捶定式時右拳高度的區別

指襠捶的右拳是擊人下身或腹部，搬攔捶的右拳是擊人心窩，栽捶的右拳是擊人膝蓋或擊打被我踩在腳下之人。弄清了這三捶的作用，那麼，關於三拳定式時的高度問題，也就近刃而解了：搬攔捶的右拳向前平沖（圖18中的 A 線），略低於肩；栽捶的右拳向下向前擊打（C線），略低於左膝；指襠捶的右拳向前下方沖出（B 線所示），高與腹齊，位於搬攔捶和栽捶之間。

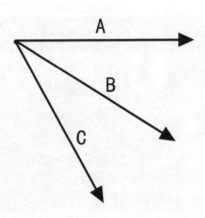

圖 18　指襠捶、搬攔捶和栽捶的沖擊方向示意圖

五十、練上步七星時如何打出
「七星拳」？

1. 何謂七星拳？

兩拳腕同時交叉於胸前中線處，左拳在上，兩拳眼斜朝裏，謂之七星拳；然後雙拳向前上方掤架自上而下的來手，或向前以七星拳擊人胸部。

楊公澄甫在《太極拳體用全書》中，對上步七星式作了如下描述：「由前式，設敵人用右手自上劈下，我即將身向左前進，兩手變拳，同時集合交叉，作七字形，手心朝外❶掤住，向敵胸部用拳直擊亦可。」

2. 五種練法

對於上步七星左手的動作，目前有 5 種練法（圖19）。

---

❶《太極拳體用全書》中楊公的拳照清楚表明，兩拳心爲斜朝下。如果拳心朝裏，則影響掤勁；如果拳心朝下，則容易產生亮肘、聳肩；如果拳心朝外，則亮肘、聳肩現象更甚，且難以掤架或拳擊對方。因此，文中的「手心朝外」有誤，宜改爲「拳心朝裏偏下」。

（1）左手向前上挑至身前至定式握拳不動，等候右拳逐漸架於左拳下。

（2）左手向前向上挑至身前太過，再收回握拳，與右拳相交成七星拳。

（3）左手向前向上挑至胸前握拳，再回收，然後雙拳交叉同時出擊。

（4）左掌向上向前挑至胸前時握拳，然後向前上方與右拳同時到位成七星拳。

（5）左掌拇指朝上，漸漸向上向前挑至胸前握拳（圖19A 點處），屈臂沉肘，拳心朝裏朝右朝下；右勾手自後經腰側變拳，向前交叉搭於左拳腕下側，成七星拳。然後雙拳同時略向前上掤擊，高與頦齊，拳眼斜朝裏，拳背順著小臂，兩臂撐圓，意氣向外。

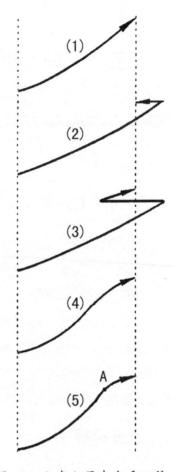

圖19　上步七星中左手5種練法的運行示意圖

在上述5種練法中，竊以為第五種練法較為合法合理。從技法角度來說，兩拳交叉後再向前上方掤出，才能有效地起到架住來手的作用，或向前以雙拳擊人胸部；同

時，這種練法，兩臂蓄而圓滿，富有掤勁，而不像第（1）、第（2）種練法的七星拳是擺出來的，兩臂無掤勁。再從拳理要求來說，第五種練法符合動作連綿不停，一動無有不動，一靜無有不靜、上下相隨等拳理。

3.兩個要點

要做到第五種練法，宜注意以下兩點：

（1）下勢接做上步七星時左手上挑的路線，應不同於下勢接做左金雞獨立時的路線。做左金雞獨立時，左手是向前向上挑，其運行軌跡的坡度較小，至左弓步時，左臂自然伸直，隨即弧形下按至左胯側（掌心朝下略偏裏）。而下勢接做上步七星時，左掌是向上向前挑，其運行軌跡的坡度較大，至左弓步時，左掌握拳於胸前，兩臂彎曲（大小臂之間的夾角約為90度）隨即與右拳同時向前上方掤出。

（2）因為左手運行的距離比右手運行距離要短得多，如果兩手的運動速度一樣的話，勢必造成最常見的第一種練法中左拳停滯不動的弊病。因此，左手上挑的速度應比右手向前向上的速度要慢，這樣才有可能達到連綿不斷地同時交叉成七星拳，繼而一起向前掤擊。也才有可能達到勁起於腳，節節貫串的內勁貫注於七星拳。

五十一、退步跨虎與白鶴亮翅
手法的區別

對於初學的拳友，在練這兩式時，其手法往往會合二而一，混為一談。其實，白鶴亮翅的右手掌是向前（東）向上打出，與左手掌主要是上下分，兩手掌左右分開的幅度較小；而退步跨虎的右手掌是向右（南）偏前（東）向上打出，與左手掌主要是左右分，兩手掌左右分開的幅度較大。

至定式時，退步跨虎與白鶴亮翅相比，其右手掌稍低些，左手掌稍高些，兩手掌稍開些。

另外，在楊公澄甫著的《太極拳體用全書》第 57 頁中，因排印之誤，錯將白鶴亮翅的定式拳照，作為退步跨虎的定式拳照，特此說明。

五十二、做轉身擺蓮旋轉時，如何理解「立如平準，活似車輪」？

1. 探討的主要內容

本專題將探討拳友們提出的兩個疑問：轉身擺蓮（此式由左架右推、旋轉和擺蓮 3 部分組成）旋轉後，是以左腳跟先著地，還是左腳掌先著地？左腳著地後，是成右弓步，還是右虛步、左半弓步或左弓步？同時，結合旋轉時的練法，對拳論中的「立如平準，活似車輪」談點體會。

2. 肢體的分解動作

上接退步跨虎式。

動作 1

身法：收沉右胯，腰胯右轉約 45 度，身軀朝向東南。
步法：右腿微下沉，左膝微前弓，仍為左虛步。
手法：右掌隨轉體邊外旋邊向下向裏弧形下落至右胸前，掌心朝左下方，拇指上揚；左掌邊外旋邊向右上方畫弧，至左鎖骨前，掌心斜朝右下方。

動作 2

身法：腰胯左轉約 45 度，身軀朝東。

步法：右腿微起，回復至退步跨虎定式時的左虛步狀態。

手法：右掌邊內旋邊向前推至心口前，手臂自然伸直，掌心朝東偏北偏下；左掌邊內旋邊向上護於左額前上方，手臂撐圓，掌心朝前，手指斜朝上。

動作 3

身法：腰胯鬆開，慢慢右轉約 135 度，身軀朝向西南。

步法：右腿微下沉，以右腳掌為軸，實腳碾轉約 90 度，腳尖朝向西南；左腳以腳掌踩地虛腳碾轉，腳尖朝南。

手法：左掌邊外旋邊向右向下移至胸前，掌心斜朝下；右掌邊外旋經左腕（拇指側）向右向上穿出，指尖約與鼻尖齊平，掌心斜朝下。兩手掌由動作 2 的左掌高、右掌低，逐漸變成右掌高、左掌低，兩臂呈弧形。

動作 4

身法：腰胯快速右轉約 180 度，身軀朝向東北。

步法：仍以右腳掌為軸，右轉約 180 度，腳尖朝向東北；左腳隨轉體快速掃蕩，在右腳左後方（西北）落地，腳尖內扣朝向東北。

手法：兩手掌隨轉體快速平刮至東北方向，掌心均斜朝下。

動作 5

身法：腰胯繼續右轉約 45 度，身軀朝東。

步法：重心繼續左移，右腳以腳掌為軸轉順，腳尖轉向正東，腳跟略離地，成高位右虛步。

手法：兩手掌向右平移至東南斜角，右掌在身體右前方，腕與肩平；左掌在右肘左下方，高與胸平。掌心均斜朝下，準備做雙擺蓮之勢。

動作 6

身法：腰胯左轉 15～30 度。

步法：左腿略起；右腳向左上方提起，約與左膝同高。

手法：兩手掌略向右下方移動。

動作 7

身法：腰胯右轉 15～30 度，身軀朝東。

步法：左腿自然伸直站穩；右腳向右上方以扇形快速外擺發橫勁，高度宜與心口齊平，膝部自然微屈，腳背略展略朝右。

手法：左右手掌向左依次在胸前輕輕迎拍右腳背，兩手與右腳成反向拍擺，隨勢擺到左前方，兩掌心斜朝下。

3. 旋轉後以左腳掌還是腳跟先著地？

動作 4 左腿掃蕩後，是以腳掌先著地，還是以腳跟先著地？筆者曾帶著這個問題，請教過同門師兄弟和有關書

本，他們有的說是腳跟先著地，有的說是腳掌先著地，有的不置可否，有的回避不提。茲談點一得之愚，供讀者參考。

因為左腳掃蕩時方向向前，掃蕩又在身前落地，因此，竊以為以腳跟先著地為宜。再者，腳跟先著地較腳掌先著地具有：

動作較為順遂、穩定；

左胯易鬆開，左腿輕靈；

接下一動作 5 時，較為靈便、迅速。

4. 掃蕩左腳著地後，是成右弓步，還是成右虛步、左半弓步或左弓步？

對於上述 4 種情況，筆者傾向於成右虛步的練法，即動作 4 左腳跟著地後，重心左移，右腳轉順成右虛步，理由有 3 條。

①據不完全統計，按右虛步的練法者居多。□

②這種練法符合先輩的論述：「旋轉後，左足內扣落地，右腳即變虛提起，這樣才能做到虛實分清。」「左腳落地時，要漸漸下蹲，形成像右虛步的過程」。「旋轉時支撐點在右腳，旋轉後在左腳，轉換靈輕。」「左腳一落地，右腳就要隨著腰的左轉而提起，才能做到沒有停頓之處」。

③旋轉後成右虛步，則可及時、敏捷地起右腳向右上方擺蓮，不至於因出現多餘的動作而慢一拍、半拍或 1/4 拍，延誤了戰機。

5.對「立如平準，活似車輪」的理解

當動作 3、動作 4 右腳掌著地實轉，身軀右轉約 315 度（先慢後快），此時，右腳掌、右胯和右肩宜在一根垂線上，好像一扇門上的 3 只鉸鏈，雙肩好像門的上邊框，應保持平正不斜。兩腳碾轉時，右腳猶如圓規的鋼針，垂直且鑽入紙面，為實；左腳猶如圓規的鉛芯或鴨嘴筆，為虛。當動作 5 重心左移，身軀右轉 45 度時，門軸（左腳跟、左胯和左肩）隨之左移，則右腳轉動靈便。

在練習拳架時，只有做到立身中正舒安，兩肩水平，虛實分清，掌握好重心，保持自身平衡，才能使動作在轉動時做到既支撐穩固，又輕靈自如。這就是筆者理解的「立如平準，活似車輪」。不知是否確切？

與諸弟子在第二屆杭州國際太極拳邀請賽開幕式入場前合影

五十三、練擺蓮時如何理解
「含胸拔背」？

1. 對「含胸拔背」的幾種異議

《太極拳術十要》是前人經驗的總結，是人們練習傳統楊式太極拳的根本大法，都應反覆學習，反覆體悟。但是，後人對其中「含胸拔背」這條要求的理解最為不一，一般有以下六種異議。

（1）只要鬆肩即可，不必強調含胸。

（2）不挺胸就是含胸，不要提含胸。

（3）含胸拔背理應改為開胸闊背。

（4）這一規則易被人們所誤解，很容易產生前凹後凸的駝背現象。

（5）含胸拔背的提法與立身中正相矛盾。

（6）關於身勢方面，只要一身鬆開，虛著頂起來，氣自然地沉到丹田，也就夠了，含胸拔背這條規矩，也不可強調，不然練不出很自然的功夫。

2.《太極拳術十要》筆錄者的修正意見

大家都知道，《太極拳術十要》是由楊澄甫宗師口

述，陳微明前輩整理的。

《太極拳術十要》出版後，「含胸拔背」的提法引起了有些人的誤解，產生了彎腰弓背的副作用，為此陳公微明對這一要領，曾特別關照其弟子林炳堯先生（後繼承陳公任上海致柔拳社社長）說：

「『含胸拔背』這一提法，其實應改為『舒胸順背』的。但書已經出版了，事後發現原來的提法引起了誤解，產生了一些副作用，要想改已經來不及了。當時使用『含胸』兩字，主要是與練外家拳的『挺胸』相對而言的。意即不要使用練外家拳的方法練內家拳。如果『含胸』過了頭，成為『縮胸』，仍然會造成血脈不和，氣滯於背，甚至會損害人體體形。所以『舒胸順背』的提法比較準確。」

3. 試述轉身擺蓮時對胸背的要求

（1）上接退步跨虎，當右掌隨腰胯右轉向右弧形而下，然後隨腰胯左轉經胸前推出，這時對胸部的要求是舒胸順背。即胸部自然有寬舒的感覺，不宜展胸，更不可挺胸；背部隨兩臂動作舒展有鬆順之感，不宜拔背，更不可弓背或縮背。

（2）當右掌前推至定式（左掌護於左額前），則要求淺含胸，兩肩微微前合，背部皮膚有微微地繃緊感，但不可弓背。

（3）當右腳提起經左向右上方弧形快速外擺發橫勁，膝部微曲，腳背略向右；同時，兩掌自右向左迎著右腳背

輕輕拍擊（先左後右），這時則要求深含胸，背部撐圓，汗衫緊貼背部。

4. 三點拙見

（1）練楊式太極拳時，除了要求虛領頂勁、沉肩墜肘、立身中正外，還是有必要對胸背提出一定的要求。

（2）至於對胸背的要求，宜將練套路與練發勁區別開來；練套路時，宜將動作過程中與定式時區別開來。也就是說，在走架的動作過程中，對上身除要求沉肩墜肘，肩胯相合外，還應要求舒胸順背；當動作至定式時，一般宜淺含胸，汗衫微貼背部；在練單式發勁或推手發勁和含化時，宜深含胸。

（3）含胸拔背是蓄勁準備、快速發勁和含化的必要動作，然而在傳統楊式太極拳的整套拳架中，除擺蓮式為快速發勁，需深含胸外，其餘招式均為不發勁、緩慢、勻速的運動，及至動作定式時的剎那間，也僅作較淺的含胸拔背。因此，在演練拳架的絕大部分時間裏，胸背宜處於舒胸順背的自然狀態。

五十四、彎弓射虎與右打虎的拳法有什麼不同？

在整套傳統楊式太極拳中，彎弓射虎和右打虎是最後一對容易混淆的拳式。茲將其拳法分別簡述如下。

右打虎是左手握人左腕，向右下方採沉，拳眼斜朝上，謂之蓋拳；右拳向左擊其頭或背，拳眼斜朝下，謂之反拳，兩拳相向（右拳向左，左拳向右）擊出，兩拳上下相對。

彎弓射虎的左拳是經胸前向左前方擊打對方的胸部或腋下，高與胸平，拳眼朝上偏右，謂之正拳；右拳經右耳側向左前方擊打對方頭部，高與額平，拳眼斜朝下，謂之反拳，兩拳同向（東北）擊出，兩拳眼大致遙對。

五十五、收勢時兩腿何時還原？

所謂兩腿還原，即是說兩腿恢復到預備式時自然開立的狀態。

上接十字手（十字手定式時，兩腳與肩同寬，宜為小馬步或高位小馬步），兩腿緩緩蹬起，及至自然伸直。同時：

（1）兩掌邊內旋邊前伸邊左右分開，兩掌距離同肩寬，掌心朝下；

（2）隨即鬆肩、沉肘、屈臂、坐腕，自然帶動兩掌邊外旋邊裏收邊下採至胸前，兩掌心斜相對，拇指斜朝上；

（3）兩掌再內旋繼續弧形下按至兩胯側前方，兩臂微曲，坐腕，手指朝前，掌心朝下略朝裏。

上述練法看似簡單，實際上不易做到家，因為兩腿的動作僅伸展約 30 度，而兩臂要連續不停地做動作（1）、（2）、（3）。但是，這種練法，具有上下對拉而產生頂天立地之感；這種練法，可產生高質量的氣血運行感和動力；這種練法，符合上下相隨的要求。

最後，兩掌外旋，兩臂自然伸直下垂不夾緊，腋下略鬆開，肘不貼肋；兩掌各置於大腿外側，手指自然下垂，

掌心朝裏，中指靠近褲腿中縫。

收勢後，稍停片刻，宜做 3～5 次深呼吸，以寧神斂氣；然後明視四周環境，稍作散步，不宜說話，以疏通氣血。「此為一套拳終了之時，學者不可忽略」（《太極拳體用全書》），以便做到善始善終。

附錄1 試述楊式太極拳習練之要求
——參加《傅鍾文老師楊式太極拳短期研究班》的體會

前　言

　　為了使傳統楊式太極拳發揚光大，經國家體委同意，上海體總和上海武術館於 1991 年 11 月在上海舉辦了由傅老言傳身教、有國內外拳手參加的《傅鍾文老師楊式太極拳短期研究班》。筆者有幸參加研究班從傅老師學拳，經認真地聽、看、問、記，得益匪淺，茲將習練太極拳時常見的不規範處及其要求整理如下，以饗拳友。

一、動作不到家

　　傅老師告誡我們說：「每個動作要做到家。」即整套拳中的每招每勢不能走過場、滑過去或遺漏掉。常見不到家的有以下 6 個動作。

　　1. 起勢接左掤時，右手應經上腹前、向右前、再向胸前裏磨一個小圓圈轉回，至此才與左手上下相合。老師邊示範邊提醒我們說：「這個小圓圈很難打出來。」嗣後，果然發現不少同仁把這個「小圓圈」遺漏了。

　　2. 搬攔捶接如封似閉時，「封」的動作很容易滑過

去。應隨重心後移，兩臂交叉成十字形，像關門一樣稱為「封」。

3. 老師在教單鞭時，要求我右吊手不要停滯不動。細觀其示範動作，勾手時右臂伸向南方略偏西，然後向西南平移，與左手前移同時到位。但我們往往忽略了這個動作，這樣不僅動作不到家，而且也不符合「一動無有不動」的原則。

4. 單鞭接玉女穿梭時，右掌應隨轉體自下而左、經胸前向右弧形上掤、再隨轉體右掤，然後沉肘抽回與左臂相交。可是，後面的這個「右掤」一般很少做到，沒有「右掤」，當然也就沒有右臂沉肘抽回的動作。所以，老師再三提醒我們，兩臂不要過早交叉，也就是說不要兩臂交叉後再轉體，而應該邊轉體邊交叉。

5. 高探馬接穿掌時，右掌的內收應隨右臂外旋使掌心向上，然後再內旋，至定式時使掌心仍然朝下。然而前面的右臂外旋動作很容易走過場，即右掌內收時，掌心始終朝下。

6. 老師在教分腳時，再三提醒我們：「四個斜角要打出來。」如做右分腳時，應轉腰到四個方向（東北、東南、東北、東南），但每一個方向不容易打出來，即高探馬後邁左腳時身體不是左轉面向東北，而是錯誤地右轉面向東南。同樣，進行左分腳邁右腳時的第一個方向（東南）也往往會走過場。

二、四肢虛實不清

虛實分得越細微，運動量就越大，拳術越有長進，造詣也就越高。

1.重心主要在左腳，則左腳為實；反之，右腳為實，左腳為虛。這種虛實的轉換變化，貫穿於除預備勢和收勢二勢之外的整套拳架中。

雙重就是雙腳平均、持續地支撐體重，是虛實不清的一種表現。如十字手定式時易患此毛病，老師為此著重指出：「做十字手時，當右腳跟著地，左腳尖應立即翹起，此時重心在右腳。」又如，單鞭接提手上勢時，老師又告誡我們：「扣左腳時重心後移，就形成雙重；提手邁右腳時重心前移，又造成雙重」。另外，在按接單鞭、提手上勢接白鶴亮翅、十字手接抱虎歸山、抱虎歸山接肘底捶和雲手時，這種雙重現象也是屢見不鮮。

左腳與右腳固然要分清虛實，就是一隻腳也要分清虛實。如攬雀尾接單鞭時，重心應由右腳掌移至右腳跟，以便扣腳、左轉。

2.「邁步如貓行」。筆者和有些同仁離老師的這個要求尚有一定的差距，特別是做斜飛式、扇通臂、雙峰貫耳、玉女穿梭和彎弓射虎時，常常落腳較重，甚至落地有聲，這也是虛實不清的表現。要使邁步（退步）輕靈、沉著，走所謂的太極步，須按老師的要求，悉心揣摩以下幾點（以邁左步為例）：

①右胯關節內收下沉，坐穩右腳；

②右膝微屈送左腳前邁；

③邁左腳應與腰左轉同時開始，這樣左胯易鬆開，膝、踝關節才能靈活，邁步就會輕靈；

④以最小的力帶動左腳前進；

⑤左腳前邁時不要抬得太高，腳尖應自然下垂；

⑥左腿伸直時正好腳跟著地，不要左腿先伸直然後慢慢著地；

⑦左腳著地要輕，如履薄冰；

⑧左腳著地的一剎那，重心仍在右腳不要前移。

3.上肢和下肢一樣，也應分清虛實。體現主要內容的手為實，另一手為虛。如練左摟膝拗步時，右手前按為實，左手摟膝為虛；其次，在虛實變化中還應注意實中有虛，虛中有實。仍以左摟膝拗步為例，右手雖為實，但在開始向前推按時，手掌蓄而不張（略呈凹形），為虛掌，此謂實中有虛。相反，摟膝之左手雖為虛，但也要有摟開對手踢我襠部之腳的意念，手中的勁不能丟，不使偏漂，這就是虛中有實；再次，當手伸出至定式時，一般是由虛而實。反之，當收手時，則手掌應由實而虛，手掌由舒展而復歸含蓄，呈凹形。

三、上下不相隨

傅老師要求我們在練拳時，應盡量做到手和腳同起同止、上下相隨。

1.弓步是太極拳中主要的步型，「弓到手到」的道理是練拳者人盡皆知的常識，但真要做到亦非輕而易舉。例

如左掤，看似簡單，其實不然，一般人最常患的毛病是左腿已經弓到，而二手還在慢慢地左掤、右採，這樣就手腳脫節了，內勁也就大減（甚至斷勁）。又，倒攆猴接斜飛式時，不少同志的腿已弓到而兩手還在右挒、左採，更有甚者，兩手尚未開始挒採，右腿早已弓到了。弓到手不到的尚有右掤、擠、按、單鞭、摟膝拗步、搬攔捶、扇通背、野馬分鬃、玉女穿梭、左右打虎和彎弓射虎，其中後面3個動作中的上下不相隨最為常見。這是因為對老師關於「前去之中必有後撐，以增加反射力」的道理理解不深。

2. 倒攆猴在退步時，應一手按到，另一手收到。前腳扣到位，同時後腿正好坐實。但有的人往往是後腿先坐實，然後緩緩地按、收、扣，這也是上下不相隨的一種表現。

3. 手揮琵琶接左膝拗步時，常見右掌隨轉腰弧形下落時，左腳卻不動，這就不符合上下相隨的原則。而應在右掌開始弧形下落、弧形向右斜角上移的同時，左腳跟徐徐離地變成左腳尖著地，然後慢慢提起。其他諸如提手上勢定式、提手上勢接白鶴亮翅時右手下移與右腳提起、白鶴亮翅定式、白鶴亮翅接摟膝拗步時右掌下沉與左腳提起、分（蹬）腳時手腳撐開等動作都應注意上下相隨，做到手動腳動，手到腳到。

四、速度不勻

全套拳架的每一個招式及招式中的每一個動作的速度

應均勻，常見速度不勻的有：

1. 起勢時兩手前舉和下按的速度往往慢於以後其他招式的速度。

2. 白鶴亮翅（手揮琵琶）接摟膝拗步時，右手下沉的速度快於前按的速度。

3. 十字手兩手向下分開的速度快於向上相合時。

4. 雲手時兩手往下按的速度大於往上抄的速度。

5. 分（蹬）腳時的速度快於其他招式的速度。

五、兩手（拳）不同步

由於兩手（掌）的運動距離不一，經常會發生如下不同時到位的弊病。

1. 左掤的左手左掤比右手下採早到位。

2. 提手上勢接白鶴亮翅時，左手後撤提前到位不動，等候右手下落與之上下相合。

3. 扇通背的右手上舉比左手前按早到。

4. 肘底捶接倒攆猴時，左手的前伸（有的甚至不前伸）比右手下沉早到位。

5. 右（左）打虎時，左（右）拳比右（左）拳早到。

6. 上步七星的左拳比右拳早到位。

六、手動腰不動

太極拳兩手的動作要以腰為綱、為軸心。腰不活，動作就難以鬆柔、自如，也就缺乏太極拳的韻味和美感，正是「練拳腰不活，終究藝不高」。

因此，練拳時一定要用腰的動作去帶動手的動作，不要只動手不動腰，前輩關於「動手不是太極拳」的論點，我們應牢牢記取。

　　老師說，凡是用腰帶動手的，其拳味就濃，此乃內勁由腰脊帶動上肢，這叫做「主宰於腰」。手動腰不動固然不對，但老師又教導我說，轉腰的幅度不宜過大，以免上身搖擺失中和兩臂散亂。

七、方向不準

　　傅老師在言傳身教中，十分注重拳架的方向。

　　1. 左掤開始時應面向西南偏南，然後轉向正西。但不少人的左手尚未左掤，上身已面向正西了，還有少數人的左掤是由西北轉向正西方向。

　　2. 斜飛式的方向，我們大多數是面向正南。而老師要求我們：「斜飛式就是要斜一點。」即方向要朝南偏西，不要朝正南方向。

　　3. 當學員們打到分腳時，老師便大聲告誡我們：「方向是斜的」；當我們蹬腳時，便提醒大家：「方向是正的」；當練習玉女穿梭時，又要求學員：「方向是斜的」。

　　4. 野馬分鬃定式時，下面手指的方向是斜的。即朝西北（西南），而不是朝正西方向。

　　5. 轉身擺蓮後右腳邁出的方向是東南（右前方），而不是正南方（右側），更不是西南方向（右後方）。

　　6. 練拳時，後腳的方向（角度）宜根據不同的招式有

所變化。當前弓步時（如右掤、擠、按、摟膝拗步等），後腳的角度宜偏小些，一般為 45 度～60 度，這樣有利於向前發勁；當後坐步時（提手上勢、手揮琵琶、肘底捶等），其角度宜增加到 70 度左右，這樣上身不易前傾，後膝不感彆扭，後腳宜生根，屆時上身好像坐在板凳上那樣中正，自然、舒適，同時在接下勢時，前腳易輕靈地提起上步（退步）。

八、動作僵硬

在練習時，老師要求我們的動作要鬆柔，要用意不用力，不要僵硬。

鬆，就是關節要鬆開和消除不必要的肌肉緊張，使肢體自然伸長。柔，就是用最小的力緩慢地、均勻地動作，不能用僵力（拙力）。用意，即是說用意識練拳，在初學拳時，意識系指動作的動向和要領；待到有一定的造詣後，可結合動作的技擊含義做攻防的想像。

九、抬頭歪腦

老師指出，練拳時頭部應自然正直，下頦微收，要虛領頂勁。抬頭仰面是筆者的又一毛病，另外尚有少數拳友有低頭看地，斜頭歪腦和搖頭晃腦的不良現象，特別是在做十字手和雙風貫耳接左蹬腳雙手相合時注意不要低頭。

所謂虛領頂勁，可用意識想像頭頂上方的吊扇將頭髮往上吸，頭頸隨之自然正直，精神也為之一振。當然，虛領頂勁不等於故意伸頸，頸部應自然放鬆，不要用力向上

拔。

十、前俯後仰

當提手上勢、提手上勢接白鶴亮翅提右腳、摟膝拗步邁步，十字手雙手相合，抱虎歸山屈膝下蹲、高探馬、下勢、轉身擺蓮和彎弓射虎時，容易產生前俯現象。後坐時（如擠接按），則易後仰。身體左歪、右斜常發生在倒攆猴、分腳和蹬腳時。

十一、直來直去

手走弧形、臂要旋，才能使動作圓活無滯，同時能促使氣血暢通、貫注指梢。這也是太極拳的精華所在。

1. 在練起勢時，老師要求學員們兩手不要平上平下，而應上舉時手臂內旋，下按時手臂外旋。同時，下按時不能先裹收再往下按，而應走弧形，即邊裹收邊下按。

2. 起勢至左掤時，右臂宜先略外旋內含掤勁，然後內旋使掌心朝下回抹，與左掌上下相對呈抱球狀。

3. 右掤定式後，右手不要立即往左下方攦，這時右手應以手腕為圓心，略朝反方向（右上方）翻轉，然後再往左下方攦。這樣右掤與攦呈無間斷的弧線銜接，同時起到「連綿不斷」和「內勁不斷」的作用，也符合拳論中「意欲向上（前），必先寓下（後）」的要求。

4. 老師在教授攦時，邊示範邊教導我們：「兩手應經身前隨腰再弧形向左攦，而不要兩手走直線向左平攦；攦時，應右手高於左手。」

5. 當我們在學單鞭時，老師不止一次地指出，左手要邊內旋邊左移，不要移至正東後突然翻掌前推。

6. 左（右）摟膝拗步的右（左）掌推出時，前臂應隨轉腰邊內旋（旋腕轉臂）邊前推，才能勁貫指梢。

7. 筆者以往做海底針的打法是收回後直接往下插，現經老師指點，正在改為右手隨轉腰邊裏收、邊外旋、邊往下、再向上畫一個小立圓後往下插。在此也希望拳友們遵照老師的教誨，把這個「立圓」打出來。

十二、眼神散亂

筆者雖習拳十幾年，閱讀拳書十多本，但對於拳論中「手眼相隨」的眼法仍然似懂非懂。在這次研究班上，傅老幾句精闢的論述使我豁然開朗：「譬如我要取你胸前的一支鋼筆，眼睛不先看筆，怎麼能拿到筆？但又不要兩眼死死地盯著筆看。同樣，打拳時眼睛不能不看手，但又不能盯著手看。也就是說，眼睛要向前平視，並關顧前面主要的手。」

「神聚於眼」。如果眼光散亂，則精神不能貫注，勁力不能灌足。因此，任何專注兩手或無所專注，左顧右盼或目定神呆，閉目垂簾或怒目橫眉的現象，都是錯誤的。

十三、步型不對

1. 當學員們練雲手至小馬步時，老師便大聲說：「雙腳不要靠近，要與肩同寬。」但我們確有不少人患這個簡單的毛病，還有部分拳友大（小）馬步的兩腳不是平行向

前，而成外八字。

2. 在整套拳架中，弓步甚多，所以老師不厭其煩地說：「弓步不要站在一條直線上，即兩腳的橫向應有一定的距離，一般與肩同寬。」其次，弓步的前膝蓋不要超過腳尖，以免失去平衡；但小腿也不宜垂直，以免影響靈活性，因此，膝蓋應位於這兩者之間為好；再者，弓步的後腳掌外側不要離地。弓步定式時，還應努力做到腰胯鬆、腿伸長、身上頂，這樣就容易做到腳生根、下盤穩。

3. 後腿屈膝半蹲支撐全身重量，前腳掌著地（如白鶴亮翅）或前腳跟著地（如手揮琵琶），均稱為虛步。當然，虛步的兩腳也不宜站在一條直線上，但其橫向距離比弓步要小，一般為5～10公分。另外，虛步的前腳跟（掌）不要離地太多。

4. 下勢做仆步時，兩腳均應全腳掌著地，注意前腳外側及後腳跟不宜離地。

十四、塌腕和拳背內凹（外突）

太極拳十分講究坐腕，即掌根微微下沉著力，腕關節柔而不軟，坐腕才能勁貫指梢，用老師的話來說：「坐不坐腕，味道大不一樣。」因此，腕部切不可鬆垂，手腕鬆垂形似柔美，實飄浮無力，內勁必丟無疑，這叫飄，也叫塌腕，這種陋習常見於起勢兩臂上舉接下按、摟膝拗步曲臂和雲手翻掌時。

拳背應與前臂齊平，但有些練拳者在作撇身捶和搬攔捶時，將拳背內凹或外突，這種花架子也是不可取的。

十五、其他不符規範的動作

在研究班上，傅老師對以下幾個動作和要求也做了示範和論述。

1. 擠接按兩手回抹時，不要下降到腹部，而是回抹至胸前。

2. 按接單鞭時，老師提醒我們不要兩臂伸直，也不要兩肩聳起，而應鬆肩、垂肘。

3. 做提手上勢時，老師要求我們雙手先下沉，再向前向上相合，這才叫提手上勢。

4. 摟膝拗步的摟膝之手不要太高，有的甚至與腰同高，這樣既不符拳理，又失大方；前推之肩不要衝出，而應平對前方。

5. 由傅老師的示範動作表明，手揮琵琶定式時，右手不是斜向下，而是微向上，用老師的話來說是：「右手心稍向陽。」

6. 練搬攔捶時，傅老師明確指出：「右拳是平的搬，而不要像撇身捶那樣向上向前撇出。」即以右肘為軸心，右拳自左肋旁向前上，經胸前（高不過肩）再翻腕搬至右肋旁。老師同時指出：「右拳搬的時候，左掌一直要護右拳，一定要跟好。」

7. 撇身捶的右拳不要從身體中心線（鼻與臍的連接線）撇出，而是從右肩前撇出。

8. 玉女穿梭的前推自身體中心線推出，不要在肩前推出。

9. 在教授分腳時，老師提醒我們不要屏氣，呼吸要自然；兩手不要抄到腹前交叉，而應在胸前，以免胸部空虛被擊；出腳時，身要側。

10. 轉身（左分腳接左蹬腳）搖晃或站不穩，甚至左腳落地，這是最常見的現象。要做到旋轉輕靈、準確，除了刻苦鍛鍊以增腳力外，尚須注意以下 3 個技術問題：轉後支承腳及時落腳掌踏實，以控制旋轉方向（角度）；轉後支承腿屈膝下沉，起緩衝作用，這一點最為重要；懸掛膝內含，兩臂相交外掤，起平衡作用。

11. 栽捶的右拳主要是往下打，定式時右拳應低於左膝；而指襠捶的右拳主要是往前打，定式時右拳應與小腹同高。因此，上述二式出拳的路線不能相同，更不能相反。

12. 「左蹬腳接轉身右蹬腳，是左腳直接向後轉？還是左腿屈膝後再向後轉？」對於這個問題，傅老師明確地回答我說：「直接向後轉，不要屈膝後再轉。」從用法上來說，對手從左後側打來，我應立即向右後轉，以手腕黏住對手的肘腕；如果屈膝後再向後轉，恐怕對手的拳（掌）早已打在我身上了。

13. 退步跨虎定式時兩手的距離，不應與白鶴亮翅同寬，而應比白鶴亮翅開闊些，但也不要分得太開。

14. 左蹬腳和退步跨虎轉身向右後擺之後，左腳應腳尖先著地，而不是腳跟先著地。又，落左腳時不要遠離右腳，應落在右腳旁。

15. 轉身擺蓮的擺腳，不是越高越好，一般不宜超過肩

部。雙手拍擊腳面時也不是越響越好,經老師指出後,學員們在習練拍腳時,聲音就明顯減小了。

16. 做磨轉步時,前腳尖向左(右)磨轉,後腳跟應離地向右(左)磨轉。不要前腳尖外撇,後腳跟不動。

17. 在全套太極拳中,要求四肢屈而不直,即手臂伸出至將直未直,弓步蹲腿至將挺未挺。

18. 手指應自然伸展,不要呈蘭花指狀。

19. 每勢定式時,應做到似停非停。老師在教起勢、白鶴亮翅、分腳和蹬腳時,便提醒我們動作不要停頓,以免違背拳論中的「連綿不斷。」

結束語

遵循一代宗師傅鍾文老師的教誨,時時悉心校正拳架,深信我們的太極拳水準一定會更上一層樓,這是組織這次研究班的目的,也是撰寫本文的初衷。

誠然,筆者在學拳過程中,有可能聽錯、看錯、記錯、更可能領會有錯,因此,文中謬誤之處在所難免,懇請前輩、拳友不吝賜教。

注:本文經傅老的弟子杜昔非(上海閔行區太極拳研究會會長)和劉紅年(上海華東化工學院太極拳研究會會長)校閱。

附錄 2　邁太極步的 24 點要求

　　如何邁太極步，即如何做到「邁步如貓行」？宜注意以下幾點（茲以傳統楊式太極拳右弓步之後邁左步為例）。

1. 坐腿轉腰胯

　　重心自右腳湧泉穴略後移至右腳跟，腰右轉，收右胯，撇右腳，漸漸坐實右腿（重心 100% 在右腳），右膝與右腳尖上下相應，臀部與腳跟齊平。

2. 一動無有不動

　　當以右腳跟為軸外撇時，合左胯，左腳跟應隨之離地外展，以便身法、步法相隨和動作順達。

3. 肩胯相合

　　腰右轉時，肩在轉，胯也應同時右轉。如果腰肩轉而胯不轉，則成了扭腰，因此，說轉腰胯比轉腰更為確切。

4. 內勁潛轉

　　腰胯右轉時產生的內勁，經腿、膝至腳跟，像鑽頭似的右旋入地，右腿穩固了，邁左步方能做到輕靈、穩健。

5. 兩肩齊平

　　腰胯右轉時，不應出現右肩低、左肩高的現象，以免破壞立身中正。

6. 點起點落

提左腳不要蹬地而起，不要擦地拖起，也不要全腳掌同時離地，而是腳跟外側先離地，然後腳掌內側離地，猶如從泥漿中輕輕地、慢慢地將腿拔起，點起點落是邁太極步的規律之一。

7. 旋踝轉腿

提左腳時，左腿（膝）應內旋；左腳前伸時，左腿（膝）要外旋。當然其旋轉的幅度，要比旋腕轉臂小得多，不要做得太明顯。

8. 提腳莫高

左腳不要提得過高，以免牽動自身的重心，離地不宜超過一拳，但也不可拖地，腳尖自然下垂。

9. 虛腿放鬆

提腳伸腿均以大腿帶小腿，左踝關節、膝關節和左腿肌肉應放鬆、自然。

10. 腳走弧形

左腳提起後不要直向前邁，應略近（不是靠近）右踝旁前伸，呈弧線狀，但也不要做作，使弧度太大。

11. 輕輕出步

右膝微屈，以最小的力使左腳前伸，輕起輕落又是邁太極步的法則之一。

12. 斂臀

左腳前伸時應斂臀，切切不可突臀或扭臀，以影響身法中正。

13. 鬆胯

左腳前伸應與腰胯左轉同時開始。左胯鬆開，使胯關節周圍較緊的韌帶鬆弛，腿膝則靈活，邁步會輕靈；另外，鬆胯後又可使邁步開闊，以確保左弓步兩腳的橫向距離。

14. 實腿送虛腳

右腿坐實，重心穩定，當左腳前邁時，右腿微微下蹲（當然不能太過，以免造成起伏），送左腳軟著地。

15. 腳趾引領

出左腿時，宜用腳趾端將腿領出去，有拉長動作的意念，而不是向前跨出去。

16. 邊伸邊落

左腳前邁時，應邊伸邊落，當左腿伸直（非挺直）時，腳跟正好著地，切莫在空中伸直後再慢慢著地。

17. 自然伸直

左腿伸直時，不可呈筆直狀態，關節應略為彎曲，以免大腿肌肉緊張和影響腰胯轉換。

18. 分清虛實

左腳跟著地要輕，如履薄冰，不要全腳掌同時著地，也不要如同打夯一樣落地有聲；另外，在著地的一剎那，其重心仍在右腳，不要前移。

19. 方向準確

左腳前伸後的方向要正（除搬攔捶等少數動作外），不要外撇，以免影響左弓步的步型和向前的勁力。

20. 平實踏地

左腳跟先著地，然後腳掌和腳尖著地，待全腳踏平

後，再蹬右腿，這樣容易紮地生根和弓到手到；反之，如果左腳跟一著地就蹬右腿，則不利於右蹬左撐和勁力透達，而且易患最為常見的上下不相隨的弊病。

21. 步幅自然

邁步的幅度，以左腳跟隨著地的距離為準。拳架高，步幅小，易分清虛實，但運動量較小；拳架太低，步幅過大，其運動量雖大，但易患換步不靈、起伏和斷勁等毛病。總之，步幅應根據每人的體質和技藝而定。

22. 速度均勻

在邁步過程中，提腳和前伸應連續均勻，不可忽快忽慢，更不可在右踝旁停頓。

23. 身體莫起伏

在提腳前伸的整個邁步過程中，拳架要始終如一，不要有忽高忽低的起伏現象。

24. 隨遇平衡

左腳踏平後，重心才徐徐前移，其過程如同太極陰陽圖慢慢地、均勻地轉變，即從無到有，從小到大，至70%，直到100%（坐實左腿），隨遇平衡是正確調整重心的方法。

接下來的邁右步也是如此，即左腳從100%的重心，又逐漸變為零。這樣往復轉換，一步一太極，故前人把太極拳的邁步稱之為太極步。

附錄 3 《嫡傳楊式太極拳教練法》**❶** 的跋文

　　20 多年來，詳覽了國內外出版的有關楊式太極拳的著作，發現諸家的定式照（圖）片大同小異，而動作過程出入較大；在外出（成都、哈爾濱、深圳……）期間，見到各地打的楊式太極拳也不太一樣；在國際太極拳聯誼會上，各名家和各地區代表演練的楊式太極拳又不盡一致。那麼，到底應以什麼拳架為準？何種練法為宜？

　　誠然，目前最為流行的楊式太極拳，是由第三代傳人的代表人物楊澄甫宗師定型的。但我們還是應進一步看到，對於楊師的太極拳可分為前後兩個時期（宜以 1928 年左右為界）。這可以從楊師先後出版的兩本書中知曉，即在 1925 年由楊師弟子陳微明先生執筆的《太極拳術》和1934 年由鄭曼青先生執筆的《太極拳體用全書》中，楊師前後的拳照有些不同。

　　另外，對眾多的楊式太極拳書刊、錄影和演練再稍加分析，還可以發現這樣一個情況──楊師前期前子或再傳

---

　　❶《嫡傳楊式太極拳教練法》一書，由傅鍾文、傅聲遠、傅清泉編著。

弟子的打法大多相近，而後期弟子的打法又基本相同。前後兩者的打法雖有所區別，但他們都是楊師直接或間接傳授的，都是楊式太極拳，不能也不該說誰對誰錯，這是因為楊師的太極拳在不斷改進（如前期左掤的定式是面向正南，而後期改為正西，等等）。楊師前後期的太極拳有所不同，從學者學到的自然有異，再加上每人的性格各異、領悟不同，以致造成目前打法不一的局面。

那麼，我們習練楊式太極拳應以其前期為準，還是以其後期為準？對楊師前後期的拳照進行研究表明，後期的拳架比前期更為規範、合理、氣勢磅礴、神形兼備。誠如楊師在《太極拳體用全書》中指出：「翻閱十數年之功架，又復不及近日」。對一個拳師來說，不斷提高拳藝、改進拳技，是非常正常和符合事物發展規律的現象。因此，楊式太極拳應以楊師晚年的拳架為準。

傳統楊式太極拳各勢的定式，以楊澄甫師公晚年的拳照為準，這是毫無異議的，然而其動作過程究竟以何種打法為宜？

有比較才能鑒別，縱觀出版的各家楊式太極拳拳照後還不難發現，與楊師後期拳照最相似的首推傅鍾文先師的拳照，正如太極名家陳微明師伯所說：「傅君鍾文，永年楊澄甫宗師之晚戚，得師之傳授，規矩準繩，絲毫不爽，故人稱為太極拳之正宗。」又如楊式太極拳第四代嫡傳人物楊振基前輩說：「傅鍾文自幼喜武術，隨我父兄學拳，在我父兄的精心教授下，經過多年錘煉和磨礪，終於掌握了楊式太極拳精華奧旨，成為名重海內外的楊式太極拳專

家。」「傅鍾文先生編著的《楊式太極拳》一書，書中的一招一式是按老爺子過去教的架子編的，每一式的定式沒有改動。」

的確，傅老師從小就跟楊師學拳，且在楊師於 1928 年由北京到南方（上海、南京、蕪湖、廣州等地）授拳，及至 1936 年楊師在上海病故（終年 53 歲），在此期間，傅老師一直相隨左右、朝夕相處，經楊師嚴格、悉心指點，以及自己勤學苦練。傅老師嫻熟楊師晚年的架式，頗得器重，常代楊師即席講話、教拳示範和出場比武，深得楊師的真傳。誠如傅老師自謙地說：「我的功夫雖然還沒有達到爐火純青的地步，但談起楊家的太極拳，我敢斷言，國內還沒有第二人像我這樣明白。」「我的每一招式，都是跟楊師學的，絲毫不作改動。」

再從拳理上分析，傅老師的打法比較科學、合理，如傅老師強調的實腳轉身、坐腿轉腰和坐腕等，因為這樣不僅能提高健身效果，而且能使下盤穩固、勁力不斷、身法敏捷、富有技擊性和利於出功夫。

總之，竊以為傳統楊式太極拳的拳架（定式）須以楊澄甫祖師後期（1934 年出版）的拳照為準，而其動作過程宜遵循傅鍾文先師的練法。

謹以此短文為跋。

奚桂忠拜跋於上海

附錄 4　拳德之探討

「提倡太極拳，首重拳德。」拳德的內涵非常豐富，茲根據恩師的遺訓和筆者的學習體會，將拳德概括為勤、恒、專、謙、善、禮、嚴、寬、淡、誠 10 個字，並分別加以探討，與拳友們共學互勉。

(1) 勤

就是勤學苦練。「太極拳是我國寶貴的遺產，但不勤學苦練，這個遺產是得不到的。」練習太極拳要想達到袪病強身和提高拳藝的目的，首推一個勤字，俗話說的「拳不離手」、「業精於勤」就是這個道理。大凡在拳術上有成就的人，都是勤學苦練的人。歷代拳家成功的先例足以證明這一點。

「天才加勤奮」，是學習拳術成功的秘訣，且「勤能補拙」，即使缺乏天賦的人，只要知難而進，奮發向上，也能取得一定的成就。然而，人是有惰性的，拳手也不例外，如果懶怠，三天打魚，兩天曬網，拳藝就難以提高，其健身效果也將大打折扣。「功夫是練出來的，不是翻書看出來的，更不是吹出來的」。

說起對太極拳的鑽研精神，給筆者印象最深的是幾位

日本拳友。他們飛渡重洋來到我師家中學拳時，撲在地上攝像，刨根問底地追究拳法、拳理和用法，並一直練到地上一灘汗水才離去，這種勤學苦練的勁頭，我輩自歎弗如。

傳統楊式太極拳有數百個動作，有數十個要領，且每個動作又要符合眾多的要求，因此，學會容易學好難。太極拳內涵博大精深，拳理奧妙，功夫無涯，盡你畢生精力也追求不完，研究不盡，豈能以為 3 個月學會一套就「畢業」了，豈能以為當了拳教師就「到頂」了，豈能讀了幾本書，看過幾張碟片或者有了一點感覺就淺嘗輒止了。因此，學太極拳不能只學一陣子，必須勤學苦練一輩子。

(2) 恒

就是持之以恆。一個人學太極拳要想獲得成功，固然有很多因素決定，但主要要有恒心。

「天下無難事，只怕有心人。」這心係指恒心。荀子曰：「騏驥一躍，不能十步，駑馬十駕，功在不捨。」這是說良馬一跳不能到 10 步，劣馬跑 10 天，可以行千里。太極拳不是一年半載便能唾手可得的，若非長期鍛鍊，難有成效。

練拳入門並不難，難就難在持之以恆，精益求精，只要有恒心的堅持下去，才能在潛移默化中達到增強體質、修養身心和長進功力的練拳宗旨。

恒心，即長久不變的意志，是學拳有成的必要條件，是成就事業的柱石。每個人在習拳過程中，都免不了要碰

到困難，遇到挫折，受到阻力，這時要是沒有堅定的意志，就會半途而廢，前功盡棄，這樣的拳友（特別是青年人）屢見不鮮。

恒心，還表現在弘揚太極拳事業上，只要有了強烈的事業心和責任感，就會有為太極拳奮鬥終生的堅定意志，才會堅持不懈地教拳，不計報酬，不遺餘力。

總之，「習武練拳，非一日之功，必須持之以恆，方能苦盡甘來。」

(3)專

就是專心致志。太極拳博大精深，學好太極拳必須要有鑽研、專心、專一的精神。

「太極拳不是用手打，而是用心打，練拳要認真體會，鑽得深。」練太極拳除需勤學苦練、持之以恆外，尚需孜孜不倦地悉心鑽研拳理，以正確的理論來指導自己的拳法實踐，再在實踐中加深對理論的理解。同時，還需不恥多問，腳踏實地勇於探索，這樣才能不斷進取。

學拳時，要專心看、專心聽、專心記、專心練。專心看老師的一招一式、一舉一動（手腳方向、轉動角度、動作快慢、目光轉移和神韻等），絲毫不要放過；同時，還應專心看拳友的動作，並對照自己，找出差距，學其所長，避其所短。

專心聽老師的講解也十分重要，而且應反覆聽、反覆領悟，如果學者認為老生常談、多此一舉而遠離老師，那麼，你的拳藝很可能停滯不前，甚至退步；另外，尚需專

心聽取拳友和學生的意見，從而提高自己的拳術水準。專心記下老師、拳友或學生指出自己的拳疵（最好記在師著拳書的相關章節處），以便日後經常提醒自己，督促自己，不斷改正缺點。專心練，就是在練拳時，一定要做到專心致志，神不外馳，專心體悟。「馬虎練十年，不如專心練一年。」

專一，即專心一意，學好本門拳藝。學太極拳宜樹立精研本門技藝、心志專一的精神。古人用「誠一」二字概括，即是說集中精力，從事一行愛一行，並力求精一門。這是古今思想家所提倡的，為人們所需的一種優良品質。練拳應保持穩定而持久的興趣，專注於自己鍾愛的拳種，以高昂的熱情和飽滿的精力投入其中，專心致志，易得效果。

傅清泉先生有一個十分中肯的經驗之談：「如果正如別人說我的拳打得好的話，那是因為我別的套路都不會，只練傳統楊式太極拳。」

(4)謙

就是謙虛謹慎。

希臘哲學家蘇格拉底有句名言：「人生最寶貴、最難的知識，就是認識自己。」我國也有「人貴有自知之明」的說法，自知就是自己瞭解自己，明就是能對自己的能力、水準、優點、缺點、個性特點，作出實事求是、恰如其分的評價。人貴自知，那麼，如何才能真正認識自己的拳架呢？

①請明（明白的明）師指點，並從中汲取德藝俱臻的人格力量。「古之學者必有師」，學太極拳更是如此，迄今未聞有誰是無師自通的。「明師點幾點，勝打廿年拳。」另外，不宜離師過早，否則拳架容易走樣。

②拳不離譜，即對照拳書（最好是自己老師的著作）反覆進行自我檢查，因為書刊是拳技進步的階梯，也是我們的伴侶和導師。

③不怕露怯，勇於求教於拳友。「三人行，必有我師。」學練太極拳更是如此，「獨學而無友，則孤陋寡聞」。當向拳友請教時，他們會從不同的角度予以分析、點撥，其間會有金玉良言，會令你茅塞頓開，何況拳友間的小聚，可開闊心情，相互激勵，取長補短，增進友誼，可謂一舉多得，何樂而不為。

④放下架子，不恥下問，傾聽弟子的意見，這是做到知己最難的一點。老子對孔子說：我是老師，你也是老師，你是學生，我也是學生。吾師曾說：「要教好學生，還要把學生當老師。」我們在教拳時，往往說得到做不到。唯有教學相長，互教互幫，才能共同提高，況且學生指出的毛病，其印象更深，效果更佳。

⑤要做到知己，還有一個極妙而又簡單的辦法，那就是借助鏡子、照片、錄影帶或碟片，它們將毫不留情的、真實地反映出你拳架中存在的弊病，它們也是你的老師。

(5)善

就是和善、行善。

　　和善即說話心平氣和，與人為善，尤其是當上了太極拳教師，應平等地把學員視為拳友，不要自恃尊嚴，一副訓人面孔，疾言厲色。

　　要知道人家出來學拳、練拳的主要目的是祛病強身，給你一訓（況且有的年長學員可當你的長輩），心中不悅，不利於身心健康，豈不有悖於人家出來健身的初衷。因此，我們更應學會親切地與老年人說話。

　　為人和善了，情緒也就穩定了，能靜下心來練拳、鑽研和教拳。人練太極，太極煉人，隨著體質和拳藝的不斷提高，陶冶了情操，又反作用於情緒，使人更趨平靜、和善。因此，造詣高的人或訓練有素的人，多有較高的道德修養，和藹可親，說話和氣。

　　堅持義務教拳，並認真負責，力求較高的教學品質，這是做好事，是濟眾、行善，是為人民服務的具體體現。義務教拳固然要失去一定的時間、一定的精力，但有失必有得，況且義務教拳的得要大大超過其失。因為廣大拳友透過學拳、練拳，增強了體質，使教拳所付出的辛勤勞動得到社會的承認、大眾的讚譽和尊敬，人生的價值得以實現。特別是退休後，仍能為促進群眾的健康發揮自己的餘熱，這是人生的快樂，「是金錢所無法比擬的最大報酬」。

　　再者，助人行善的過程，也是淨化自己靈魂和昇華人格的過程，進入恬淡自守，仰不愧於天，俯不怍於人的境界，心中坦蕩安適，精神上得到滿足感、自豪感、成就感，有利身心健康。美國科學家發現，做好事使你心情舒

暢、精神愉快，還能增強你的免疫能力。

(6) 禮

就是以禮待人。以禮待人，在拳術界體現為尊敬師長、熱愛學員和團結拳友三個方面。

①尊敬師長

自古以來，就有「天地君親師」之說，可見尊師是我國素有的優良傳統。

尊敬師長，一般理解為見師施禮、恭聽教誨和節日探望等。其實，尊師的實質是敬業，是對自己學（事）業的尊重，這就是「尊師重道」。對於我們太極拳愛好者來說，實質上的尊師宜表現在以下兩個方面。

其一，誠心求教，認真學拳，堅持練拳，把拳練好，把身體練棒，這是當老師的最大寬慰，也是對老師的尊敬。

其二，「依教奉行」，即遵循老師的教誨，傳承老師的精神，去認真教拳，造福於民。老師教給你，一天就行了，但你一輩子都要去遵循，這就是所謂的「一日為師，終身為父」，也是對師長最好的尊敬和紀念。

尊敬師長，還表現在師兄弟之間應和睦相處，如果鬧意見、有摩擦、甚至爭鬥，叫師操心、不快，這就是不敬師。

上面提到了尊師重道，筆者對此再談一點淺見，即尊師更應重道。道可以解釋為法則、規律、真理、原理等等，對於太極拳來說，那就是拳理，在拳理面前應人人平

等。蔣玉堃前輩說得好：「學拳不一定都照我的，可去對照區別，我有不對之處，可以改。」這是因為前輩深知拳架、拳理和用法互相交織在一起，太複雜、太難了，自己不可能時時對、處處對。至於前輩所指對照區別的依據，我理解為拳理、用法也。

②熱愛學員

有造詣的拳手，不一定是好的拳師，要當一個好拳師，首推師德。不管是古代還是近代，師德的內核是一個愛字。熱愛學員，對學員滿腔熱忱，這是拳師的主要職業道德，也是教好拳的前提。

對學員有了一顆愛心，才能做到「誨人不倦」，耐心地、親切地、嚴格地傳授拳藝；有了一顆愛心，才能做到對學員一視同仁，特別是對年紀大、悟性差的學員，更應耐心輔導，不急躁、不厭煩、不岐視、不嫌棄，做到待人隨和，說話和氣，包教包會；有了一顆愛心，才能尊重學員，平等相待，不管對方身份如何，在人格上大家都是平等的，把學員當作拳友，不自以為高人一等，不擺架子；有了一顆愛心，才能不秘技自珍，傾囊相授，罄其所有，精雕細刻，並鼓勵和創造條件，使優秀的弟子超越自己，「青出於藍而勝於藍」。

對學員有一顆愛心，才能做到「學而不厭」，在為人拳師的整個過程中繼續學習，不斷提高自己的拳德和拳藝水準，做到「給人一杯水，自己要有一桶水」。正如俄羅斯著名教育家加里寧的著名論述：「老師一方面貢獻出自己的東西，另一方面又要像海棉一樣吸收優良的東西，再

把這些優良的東西貢獻給學生。」

③團結拳友

拳術界的人際是較難相處的，不少拳師都有這樣的感慨。要處理好拳友間的關係，應「互相尊重，互相關心，以利團結。」

尊重拳友，是團結的前提，要知道人與人在人格上是平等的，不論是師生、長幼、上下級，每個人都有獨立的意志和人格尊嚴，要尊重別人的意志和人格尊嚴，禮貌待人，不要以勢利的態度待人。

要做好團結，拳友間還應在生活上、思想上互相關心，互相幫助，如探望生病的拳友、調解拳友家庭矛盾、介紹下崗拳友的工作和諍言規勸等。

習拳不可無師，又不可無友，如切如磋，如琢如磨，與拳友和睦相處，以營造一個「姐妹和兄弟，不如拳友親」和諧、進取的氛圍。

(7)嚴

就是嚴格要求。首先要嚴格要求自己，學拳的過程是一個不斷糾正動作，充實內涵的過程，主要靠自己認真學習，但又不可自恃懂得法度，不去認真履行法度，而應不厭其煩地反覆改正即使是細小的缺點，唯有嚴格要求自己，才能使拳架逐漸接近規範，並在漫長的改拳過程中，逐步培養自己嚴謹和溫和的性格。

其次，要嚴格要求學員的拳架。「教不嚴，師之惰」，作為一個太極拳教師，除了嚴以律己外，應嚴格教

拳，拳諺云：「教不嚴，拳必歪。」當然嚴不等於凶，切切不可訓人。作為教師，應清楚地認識到，每個人都有自尊心，它是進取的動力，是向上的能源，我們應倍加愛護。所以，在教拳時宜肯定學員（特別老年學員）的進步，以鼓勵為主，使他們產生興趣，樹立信心。同時，善意地指出其不足之處及糾正辦法，使學員心悅神服，掌握拳法，以此可提高教學品質。

「學得好，教得深。」對於真正想深造的學員，更應嚴字當頭，於微細處，一絲不苟地進行精雕細鏤，並請師兄和明師進行指導，對於他們拳架中的缺點，要像勤勞的啄木鳥，毫不留情地啄去樹上的蟲子，促進他們早日成為德才兼備的太極拳教師，去弘揚中國的傳統文化，去為全民健身服務。

(8) 寬

就是寬厚待人。怎樣要求自己？怎樣要求拳友？這是人際交往中的一個重要問題，也是拳德的一個組成部分。

「躬身厚而薄責於人，則遠怨矣。」（孔子《論語》）「古之君子，其責已也重以周，其待人也輕以約。」（韓愈《原毀》）這裏說，與人相處有矛盾時，首先應檢查自己，對自己要求嚴格、全面，對別人要求寬厚、簡約。在為人處世中，要善以待己，要學會讚賞人，更要寬厚待人。首先要能寬容人，特別是要能容反對過自己的人。待人不僅要有雅量，還要做到不苛求別人。寬以待人，才能帶來和諧的人際關係，也會贏得世人的尊重。

正如我師教導說：「待人接物應豁達大度，寬容忍讓。」

(9) 淡

就是淡泊名利。提倡義務教拳，即教拳不收錢、不受禮、不吃請，收徒不要紅包，也不宜從代購碟片、拳書、拳衣、拳鞋和刀劍中謀取私利。這種做法可能比較迂腐，不合時宜，然而愚以為，在市場經濟條件下的今天，教拳收一定的費用也是合理的，是無可非議的，同樣是一種行善，是弘揚太極拳；而義務教拳則行更善，能更好地弘揚太極拳。

對於名應以淡泊的心情待之，其中宜包括兩層含義：

其一，「君子愛名，取之有道。」這是說，要得到好名聲，應採取正當的手段。不要沽名釣譽，盜名欺世。

其二，宜求好名聲，有好名聲的人為社會所認同，受到他人的尊敬和信任，為求好名聲，可以激勵自己自尊自信，驅惡從善。我們應該努力樹立實名，珍惜實名。

「藝由己立，名自人成。」一個人的品德、才能、成績是自己掌握的；而自己的名聲如何，則是社會的事情。因此，好名聲是用自己的善行去爭取。對我們每一個拳友來說，主要是認真地修養拳德、拳藝，努力工作，至於名聲是學習和工作的結果，「實至而名歸」。只要全心全意為人民服務，對社會有貢獻，定會留下良好的口碑。

我們宜求好的名聲，但不可「好名之極」，以免走向浮躁和虛偽。

(10) 誠

就是真誠正直。先哲早有明示：「誠之者天之道也，誠之者人之道也。」這些古訓都是待人處世的準則，要求後人做人首先要真誠，不虛偽，只有真誠才能正直，說老實話、做老實事、做老實人。

在社會主義的今天，「誠實守信」仍是公民道德建設的主要內容之一。每一個人都應誠實，這是做人的基本品德，一個人連誠實都做不到，其他品德就很難談上了。對於一個拳手來說，對太極拳心誠了，才能做到上述「勤、恒、專、謙」4個字；一個拳手對己對人心誠了，才能做到上述「善、禮、嚴、寬、淡」5個字。

近代教育大家陶行知說：「千教萬教教人求真，千學萬學學做真人。」因此，在我們探討的行拳十德中，最要一個「誠」字。

練太極拳，推崇拳德，可使人不斷提高拳藝、追求崇高。然而，上述優秀品質不是天生形成的，也不是臨時突擊一下「應知應會」的，尚需終生不斷地學習、修持。

附錄 5 詠傅鍾文先師

——敬獻「傅鍾文老師誕辰 100 周年紀念大會」

（一）憶秦娥

九歲起，跟隨泰斗學拳藝。學拳藝，勤學苦練，得拳真諦。

拳術精湛譽寰宇，武德高尚垂青史。垂青史，人人敬仰，普天桃李。

（二）滿江紅　痛失恩師

捲地秋風，傳噩耗，恩師仙逝。作挽聯，靈堂設畢，跪拜痛憶。四海淚痕滔滔湧，五洲唁電紛紛至。永別時，花簇楠木棺，歸鄉里。

拳苦練，高造詣；教學子，十萬四。言傳和身教，勤恒誠禮。烈士暮年心不已，老驥伏櫪志千里。年九十，抱病去美國，傳拳藝。

（三）緬懷恩師

弘揚拳術肝膽傾，德藝雙馨數傅公。
一別九年詩句祭，武林痛失勁蒼松。

（四）遵師之遺訓

九月二十五，日暮百花殘，
恩師長往矣，弟子遵遺言：
朝暮勤鑽研，永恆義務傳，
謙虛有禮貌，誠待友和拳。

（五）弘揚太極魂

滿堂皆友朋，都是傳家人。
代代傳薪火，楊家傳統魂。

跋

今之春日，喜聞《楊式太極拳學練釋疑》一書已由北京體育大學出版社出版發行。隨著太極拳的普及推廣，太極拳類書籍日趨增多，但此書的出版，我的感受非同一般。

書的作者奚桂忠老師是《太極》雜誌社上海的特約編委之一，並積極撰稿。余常拜讀奚老師的學術論著，他那種對太極拳深入研究的學術態度讓我敬佩不已，可惜多年來只見其文不見其人。

甲申仲夏，奚老師不拘師尊，頂著烈日從上海的邊緣城區閔行趕到市中心，攜此書的付梓稿至寒舍，意欲讓我爲之建議。首次見面，名師送寶上門，眞是受寵若驚，但名師的賜請使我進退兩難，擧投無措，好在經過短短的交談，使我脫離了尷尬的境地。至此，奚老師坦誠的言語，我從內心領悟到 2001 年傅聲遠父子在閔行拳術指導時，傅清泉先生所言「奚桂忠老師是我爺爺的好徒弟，他做到了『勤、恒、禮、誠』四個字」的贊許內涵。嗣後，我作爲一名早期的讀者悉心研讀了書稿，並將點滴的拜讀心得呈予作者，以此完成名師所賜的作業。

武術界有一句俗語，叫「以拳會友」，我與奚老師的情愫，正是從太極拳的研究中逐步發展起來的，是《太極》雜誌和《楊式太極拳學練釋疑》一書使我與奚老師相識又相

知。

　　奚桂忠老師，1979 年始學太極，後師從傅鍾文大師，曾任上海閔行區太極拳研究會副會長、副總教練、秘書長，1995 年榮獲國際（永年）傳統楊式太極拳比賽第 3 名，上海市武術比賽二等獎。多年來先後發表學術文章數十篇，並編寫出版了《楊式太極刀講義》，贏得了讀者的青睞。為弘揚太極先後收納弟子 62 人，帶教學生數千人。由他任主教練的傳統楊式太極拳隊，蟬聯 1996、1997 年上海市太極拳團體賽第 1 名，並包攬個人前 3 名；近 6 年來，老師的不少弟子在全國、國際太極拳比賽中屢屢獲獎。

　　太極大師傅鍾文的「勤、恒、禮、誠」4 個字，始終是他研習太極拳的座右銘，致使奚老師用多年心血鑄就了「拳藝精進德為先」的教學誓言。他身先垂範，堅持教學和收徒不收錢、不受禮、不吃請；他不恥下問，常視學生為師友，把撰寫的每一篇論文誠懇徵詢同道的意見；他循循善誘，不斷引理教拳，直至學生精益求精、悟而後悟，為研究、推廣、發展太極拳運動做出了不懈努力，實為我等之楷模。

　　老子曰：「含德之厚，比於赤子。」吾深信讀者會在此書的字裏行間，感悟到作者謙遜、嚴謹的學術思想和對太極拳執著追求的精神。

　　不知同行以為然否？是為跋。

徐芳騫

（作者係上海黃浦區太極拳學會會長，上海道明拳社常務副社長）

導引養生功

1 疏筋壯骨功＋VCD
定價350元

2 導引保健功＋VCD
定價350元

3 頤身九段錦＋VCD
定價350元

4 九九還童功＋VCD
定價350元

5 舒心平血功＋VCD
定價350元

6 益氣養肺功＋VCD
定價350元

7 養生太極扇＋VCD
定價350元

8 養生太極棒＋VCD
定價350元

9 導引養生形體詩韻＋VCD
定價350元

10 四十九式經絡動功＋VCD
定價350元

張廣德養生著作　每冊定價350元

全系列為彩色圖解附教學光碟

輕鬆學武術

1 二十四式太極拳＋VCD
定價250元

2 四十二式太極拳＋VCD
定價250元

3 八式十六式太極拳＋VCD
定價250元

4 三十二式太極劍＋VCD
定價280元

5 四十二式太極劍＋VCD
定價250元

彩色圖解太極武術

1 太極功夫扇

定價220元

2 武當太極劍

定價220元

3 楊式太極劍

定價220元

4 楊式太極刀
定價220元

5 二十四式太極拳＋VCD
定價350元

6 三十二式太極劍＋VCD

定價350元

7 四十二式太極劍＋VCD

定價350元

8 四十二式太極拳＋VCD

定價350元

9 楊式十八式太極劍拳

定價350元

10 楊氏二十八式太極拳＋VCD

定價350元

11 楊式太極拳四十式＋VCD
定價350元

12 陳式太極拳五十六式＋VCD

定價350元

13 吳式太極拳五十六式＋VCD

定價350元

14 精簡陳式太極拳八式十六式

定價220元

15 精簡吳式太極拳三十六式 拳架・推手

定價220元

16 夕陽美功夫扇

定價220元

17 綜合四十八式太極拳＋VCD

定價350元

18 三十二式太極拳 四段

定價220元

19 楊式三十七式太極拳＋VCD

定價350元

20 楊氏五十一式太極劍＋VCD

定價350元

21 嫡傳楊家太極拳精練二十八式

定價220元

養生保健 古今養生保健法 強身健體增加身體免疫力

1 醫療養生氣功

醫療養生氣功
定價250元

2 中國氣功圖譜

中國氣功圖譜
定價250元

3 少林醫療氣功精粹

少林醫療氣功精粹
定價250元

4 龍形實用氣功

龍形實用氣功
定價220元

5 魚戲增視強身氣功

魚戲增視強身氣功
定價220元

6 道家玄牝氣功

道家玄牝氣功
定價200元

8 仙家秘傳祛病功

仙家秘傳祛病功
定價160元

9 少林十大健身功

少林十大健身功
定價180元

10 中國自控氣功

中國自控氣功
定價250元

11 醫療防癌氣功

醫療防癌氣功
定價250元

12 醫療強身氣功

醫療強身氣功
定價250元

13 醫療點穴氣功

醫療點穴氣功
定價250元

14 中國八卦如意功

中國八卦如意功
定價180元

15 正宗馬禮堂養氣功

正宗馬禮堂養氣功
定價420元

16 秘傳道家筋經內丹功

秘傳道家筋經內丹功
定價300元

17 三元開慧功

三元開慧功
定價250元

18 防癌治癌新氣功

防癌治癌新氣功
定價180元

19 禪定與佛家氣功修煉

禪定與佛家氣功修煉
定價200元

20 顛倒之術

顛倒之術
定價360元

21 簡明氣功辭典

簡明氣功辭典
定價360元

22 八卦三合功

八卦三合功
定價230元

23 朱砂掌健身養生功

朱砂掌健身養生功
定價250元

24 抗老功

抗老功
定價230元

25 意氣按穴排濁自療法

意氣按穴排濁自療法
定價250元

27 健身祛病小功法

健身祛病小功法
定價200元

28 張氏太極混元功

張氏太極混元功
定價250元

29 中國玻密功

中國玻密功
定價250元

30 中國少林禪密功

中國少林禪密功
定價200元

31 郭林新氣功

郭林新氣功
定價400元

32 八卦之源與健身養生

八卦之源與健身養生
定價280元

33 現代原始氣功1

現代原始氣功1
定價400元

34 養生開脈太極

養生開脈太極
定價300元

35 通靈功—養生祛病及入門功法

通靈功—養生祛病及入門功法
定價300元

太極跤

1 太極防身術
定價300元

2 擒拿術
定價280元

3 中國式摔角
定價350元

簡化太極拳

1 陳式太極拳十三式
定價200元

2 楊式太極拳十三式
定價200元

3 吳式太極拳十三式
定價200元

4 武式太極拳十三式
定價200元

5 孫式太極拳十三式
定價200元

6 趙堡太極拳十三式
定價200元

原地太極拳

1 原地綜合太極二十四式
定價220元

2 原地活步太極四十二式
定價200元

3 原地簡化太極二十四式
定價200元

4 原地太極拳十二式
定價200元

5 原地青少年太極拳二十二式
定價220元

6 原地兒童太極拳十捶十六式
定價180元

歡迎至本公司購買書籍

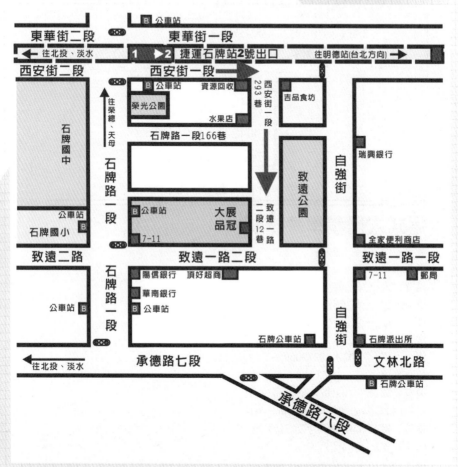

建議路線

1.搭乘捷運‧公車

　　淡水線石牌站下車，由石牌捷運站２號出口出站(出站後靠右邊)，沿著捷運高架往台北方向走(往明德站方向)，其街名為西安街，約走100公尺(勿超過紅綠燈)，由西安街一段293巷進來(巷口有一公車站牌，站名為自強街口)，本公司位於致遠公園對面。搭公車者請於石牌站(石牌派出所)下車，走進自強街，遇致遠路口左轉，右手邊第一條巷子即為本社位置。

2.自行開車或騎車

　　由承德路接石牌路，看到陽信銀行右轉，此條即為致遠一路二段，在遇到自強街(紅綠燈)前的巷子(致遠公園)左轉，即可看到本公司招牌。

國家圖書館出版品預行編目資料

楊式太極拳學練釋疑 ／ 奚桂忠 著
——初版，——臺北市，大展，2007〔民96 . 12〕
面；21公分 ——（楊式太極拳；12）
ISBN 978－957－468－578－3（平裝）
1.太極拳 2.問題集
528.972 96019460

楊式太極拳學練釋疑

著 者／奚桂忠
責任編輯／佟 暉
發 行 人／蔡森明
出 版 者／大展出版社有限公司
社 址／台北市北投區（石牌）致遠一路2段12巷1號
電 話／（02）28236031 · 28236033 · 28233123
傳 眞／（02）28272069
郵政劃撥／01669551
網 址／www.dah-jaan.com.tw
E－mail／service@dah-jaan.com.tw
登 記 證／局版臺業字第2171號
承 印 者／傳興印刷有限公司
裝 訂／眾友企業公司
排 版 者／弘益電腦排版有限公司
授 權 者／北京體育大學出版社
初版1刷／2007年（民 96年）12月
初版2刷／2012年（民101年）7月

定 價／250元

大展好書　好書大展
品嘗好書　冠群可期

大展好書　好書大展
品嘗好書　冠群可期